10년 후 대한민국
미래전략 보고서
뉴노멀 시대의 성장전략

10년 후 미래전략 보고서
대한민국
뉴노멀 시대의 성장전략

1판 1쇄 발행 | 2016년 4월 15일
1판 2쇄 발행 | 2016년 12월 16일

지은이 | 미래창조과학부 미래준비위원회, KISTEP, KAIST
펴낸이 | 김경배
펴낸곳 | 시간여행
편　집 | 이진의·정지은
홍　보 | 강민정
본문 디자인 | 서진원

등　록 | 제313-210-125호 (2010년 4월 28일)
주　소 | 서울시 마포구 토정로 222, 한국출판콘텐츠센터 419호
전　화 | 070-4032-3664
이메일 | sigan_pub@naver.com

종　이 | 엔페이퍼
인　쇄 | 천광인쇄

ISBN 979-11-85346-26-7　(13320)

이 도서의 국립중앙도서관 출판예정 도서목록(CIP)은 서지정보유통지원시스템 홈페이지
(http://seoji.nl.go.kr)와 국가자료 공동목록시스템(http://www.nl.go.kr/kolisnet)에서
이용하실 수 있습니다. (CIP제어번호: CIP2016008696)

10년 후 미래전략 보고서
대한민국
뉴노멀 시대의 성장전략

미래창조과학부 미래준비위원회, KISTEP, KAIST
대표저자 이광형

시간
여행

미래창조과학부 미래준비위원회는 2015년 7월《10년 후 대한민국, 미래이슈 보고서》를 발간한 바 있습니다. 구체적인 미래에 대한 예측보다는 현재의 이슈들을 중심으로 이슈들이 향후 10년간 어떻게 전개될 것인지 분석함으로써 10년 후의 변화를 예측하였습니다. 동 이슈 분석을 통해 하나의 이슈가 다양한 이슈들과 연결되어 있고, 이슈 해결에도 많은 핵심기술들이 연관되어 있는 것으로 나타났습니다. 미래의 이슈 해결에 있어서 개별 이슈뿐 아니라 관련된 이슈와 연계한 포괄적인 해결이 필요하다는 사실을 인식하였습니다.

따라서, 미래준비위원회는 미래의 이슈들 중에서 이슈들 간의 연계성, 그리고 과학기술과의 연계성이 높은 이슈를 중심으로 미래준비를 위한 전략을 수립하게 되었습니다. 삶의 질 향상을 위한 전략보고서에 이어 이번에는 저성장시대의 성장전략에 대한 보고서를 발간하게 되었습니다.

세계는 저성장이 일상화되는 '뉴노멀(New Normal)' 시대에 진입하였습니다. 우리 역시 국민소득 3만 달러 진입을 앞두고 새로운 성장이 필요한 시점에서 이러한 저성장의 파고를 어떻게 극복하느냐가 중요한 과제가 되고 있습니다. 뿐만 아니라, 세계는 제4차 산업혁명의 시대를 맞아 성장을 위한 국가 간 경쟁이 그 어느 때보다 치열해지고 있습니다. 다른 나라를 빨리 따라잡기 위해 양적 투입에 의존했던 성장전략은 더 이상 효과를 내지 못하고 있습니다. 창의성에 바탕을 둔 혁신이 더욱 중요한 시대가 되었습니다.

저성장은 국가의 경제뿐만 아니라 개인의 생활에까지 깊은 영향을 미치게 됩니다. 합리적 소비, 공유경제의 확산, 자기계발의 가속 등 개인의 삶의 방식은 바뀔 수밖에 없습니다. 이 책에서는 전반적으로 저성장이 불러오는 사회 현상을 전망하고, 개인은 개인 차원에서 무엇을 준비해야 하는지에 대해서 짚어 보았습니다. 그리고, 국가 차원에서는 저성장의 파고를 뛰어넘어 지속적으로 경제성장을 이루어내기 위한 혁신전략을 제시하여 정부 차원의 미래 준비에 활용할 수 있도록 하였습니다. 또한 전문가들의 의견을 바탕으로 새로운 산업과 새로운 서비스를 도출하고 과학기술과 ICT 기술을 활용한 신산업 선점 전략을 제시하였습니다.

이러한 미래전략이 앞으로 우리나라와 국민들이 함께 저성장 시대를 슬기롭게 극복하는 데 도움이 되기를 기대합니다. 보고서 준비에 노력을 아끼지 않으신 미래준비위원회의 이광형 위원장님과 위원분들의 노고에 감사드립니다.

미래창조과학부 장관 최 양 희

 한국 경제의 저성장 모드가 고착되어가는 느낌입니다. 지속적으로 수출이 감소하고 있는 가운데, 최근 들어서는 감소폭이 더 커지고 있습니다. 경기부진 속에 일자리 부족이 심해지고 있습니다. 많은 사람들이 대표적인 원인으로 중국의 저성장을 꼽습니다. 그 말이 맞는다면 중국 경기가 좋아지면 우리 제품이 잘 팔려야 할 것입니다. 하지만 중국 경기가 살아나도 우리 주력 제품의 수출은 별로 달라질 것 같지 않습니다. 중국 경기가 문제의 본질이 아니라는 뜻입니다.

외부 환경 탓하지 말자

 우리나라가 안고 있는 근원적인 문제는 산업 경쟁력의 저하입니다. 제품과 서비스 경쟁력이 떨어지니 수출이 감소하고, 따라서 일자리가 줄어서 실업률이 올라가고 있는 것입니다. 문제를 해결하기 위해서는 원인 진단을 정확히 해야 합니다. 미래준비위원회는 이러한 문제의식을 가지고 연구를 시작하였습니다. 저성장 모드로 들어가고 있는 한국 경제를 되살리는 길은 우리 제품과 서비스의 경쟁력을 회복하는 것입니다.

우리는 대한민국의 전략을 세 가지로 제시하고 있습니다. 첫째는 기존의 주력산업을 인공지능과 ICT(정보통신기술)에 결합시켜 첨단화해야 합니다. 4차 산업혁명의 개념을 적용한 ICT 결합으로 생산성을 올리고, 단순히 고객의 요구를 충족시키는 수준을 넘어서는 혁신을 이루어야 합니다. 우리는 4차 산업혁명을 위한 두 가지 요소를 모두 가지고 있습니다. 이미 세계 선두에 가 있는 주력산업과 ICT산업이 그것입니다. 이를 결합하면 혁신을 일으키지 못할 이유가 없습니다.

50점에서 90점 맞기는 쉽다

두 번째 전략은 우리가 주력산업 분야에서 선진국을 따라잡아 세계 1위에 올라선 경험을 살려, 지금은 경쟁력이 다소 부족하지만 향후 경제성장의 디딤돌이 될 수 있는 새로운 유망산업을 일으켜 신성장 엔진으로 삼자는 것입니다. 세상에는 다양한 산업이 많이 있습니다. 그동안 우리가 관심을 많이 두지 않았고, 따라서 잘 하지 못하는 산업들이 있습니다. 예를 들어서 의료바이오산업이 대표적입니다. 우리가 병원에서 사용하는 의료기기와 약품은 거의 대부분이 수입입니다. 의료바이오산업을 성장시킨다면 시장은 국내외에 무궁무진합니다. 항공산업에도 우리가 뻗어나갈 자리가 있습니다. 비행기라고 하면 대형 비행기가 떠오르겠지만, 100명 이하의 중소형 비행기 수요도 많습니다. 중소형 항공산업은 우리가 마음만 먹으면 잘 할 수 있는 분야입니다. 이 분야에서 한국은 50점 수준의 중진국입니다. 90점에서 95점 맞기는 어렵지만, 50점에서 90점 맞기는 쉬운 일입니다.

세 번째 전략은 글로벌 서비스산업의 육성입니다. 우리의 당면 과제 중에 일자리 부족이 있습니다. 대기업 제조 중심의 산업구조에서는 일자리가 많이 늘지 않습니다. 공장자동화와 인공지능 기술의 발달은 앞으로도 일자리 부족 현상을 심화시킬 것입니다. 그래서 일자리 창출 기여도가 높은 서비스산업이 각광받습니다. 일자리를 많이 창출하는 서비스업을 육성하되, 외화를 벌어오는 글로벌 서비스산업을 육성해야 합니다. 예를 들어서 관광산업은 일자리와 외화 수입을 창출하는 대표적인 글로벌 서비스산업입니다. 헬스케어 서비스는 첨단 의료기술과 ICT가 결합된 서비스로 파급효과가 큽니다. 핀테크 기술을 적용한 금융 서비스와 전자상거래 역시 국제적인 서비스산업으로 발전하기 좋은 분야입니다. 이 책은 이와 같이 성장의 여지가 크고 향후 유망한 10대 서비스를 발굴·제안하고 있습니다.

신발 끈을 다시 매자

어떤 사람들은 우리가 당면한 경제 침체를 저성장 시대의 피할 수 없는 현상으로 받아들이는 경향을 보입니다. 이는 우리 자신에 대한 과소평가에서 비롯한 생각인지도 모릅니다. 지금 우리의 가장 큰 적은 우리 내면에 있다고 생각합니다. 뉴노멀(New Normal)이라는 세계적인 추세에 적응하여 살자는 생각은 자포자기에 다름 아닙니다.

우리 미래준비위원회는 10년 후 대한민국을 변화시킬 미래이슈들을 분석한 바 있습니다. 이를 바탕으로 저성장을 넘어서 일자리와 성장의 두 마리 토끼를 잡을 수 있는 새로운 패러다임의 성장전략을 제시하고

자 합니다. 우리는 뉴노멀이라는 용어로 포장된 패배주의적인 사고를 거부합니다. 우리에게는 아직 "열두 척" 보다 더 많은 것들이 있습니다. 세계 최고 수준의 주력산업과 ICT가 있으며, 새로운 서비스를 창출할 수 있는 우수 인력이 있습니다. 게다가 우리에게는 세상을 깜짝 놀라게 한 성과를 달성한 수많은 경험이 있습니다. 마음만 먹으면 우리가 바라는 미래를 만들 수 있습니다. 우리 모두 신발 끈을 다시 조여맵시다.

  감사합니다.

미래창조과학부 미래준비위원장 이 광 형

차 례

10 년 후 대한민국

미래전략 보고서

대한민국

뉴노멀 시대의 성장전략

| 제1장 |

서론

서론

　미래가 어떤 형태로 우리에게 다가올지는 아무도 모른다. 하지만 예측을 통하여 미래의 변화 방향은 감지할 수 있다. 미래에 대한 예측 없이 미래를 준비하기는 어려운 일이다. 따라서 미래창조과학부는 미래준비위원회를 설립하고 보다 실효성 있는 미래 예측을 위해 미래이슈들에 대한 분석을 실시하였다. 현재 우리 사회에 영향을 미치고 있는 이슈 대부분은 미래에도 그 영향이 지속될 가능성이 높다. 어떤 이슈들은 심화되고 또 일부는 완화될 수 있다. 그 각각에 대한 분석을 통해 우리는 미래의 변화 방향을 읽을 수 있다.

　미래준비위원회에서는 전문가와 일반 국민들 대상의 설문조사를 통해 10년 후에도 여전히 중요하게 다루어질 이슈 10개를 도출하였다. 또한 각 이슈들을 대상으로 이슈 간의 연계성, 이슈와 관련된 핵심기술과

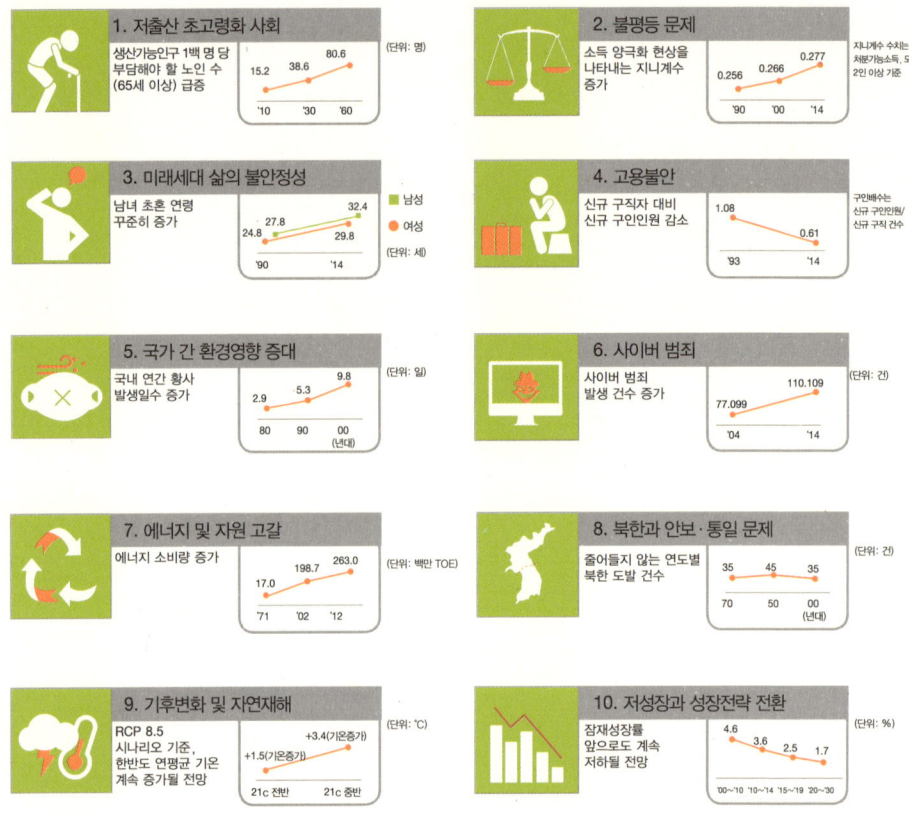

〈그림 1〉 10년 후 한국사회에서 중요하다고 인식된 10대 이슈

1. 저출산 초고령화 사회
생산가능인구 1백 명 당 부담해야 할 노인 수 (65세 이상) 급증
(단위: 명)
15.2 38.6 80.6
'10 '30 '60

2. 불평등 문제
소득 양극화 현상을 나타내는 지니계수 증가
지니계수 수치는 처분가능소득, 도시 2인 이상 기준
0.256 0.266 0.277
'90 '00 '14

3. 미래세대 삶의 불안정성
남녀 초혼 연령 꾸준히 증가
■ 남성 ● 여성
(단위: 세)
24.8 27.8 32.4
29.8
'90 '14

4. 고용불안
신규 구직자 대비 신규 구인인원 감소
구인배수는 신규 구인인원/ 신규 구직 건수
1.08 0.61
'93 '14

5. 국가 간 환경영향 증대
국내 연간 황사 발생일수 증가
(단위: 일)
2.9 5.3 9.8
80 90 00
(년대)

6. 사이버 범죄
사이버 범죄 발생 건수 증가
(단위: 건)
77.099 110.109
'04 '14

7. 에너지 및 자원 고갈
에너지 소비량 증가
(단위: 백만 TOE)
17.0 198.7 263.0
'71 '02 '12

8. 북한과 안보·통일 문제
줄어들지 않는 연도별 북한 도발 건수
(단위: 건)
35 45 35
70 50 00
(년대)

9. 기후변화 및 자연재해
RCP 8.5 시나리오 기준, 한반도 연평균 기온 계속 증가될 전망
(단위: ℃)
+3.4(기온증가)
+1.5(기온증가)
21c 전반 21c 중반

10. 저성장과 성장전략 전환
잠재성장률 앞으로도 계속 저하될 전망
(단위: %)
4.6 3.6 2.5 1.7
'00~'10 '10~'14 '15~'19 '20~'30

의 연계성 분석을 통해 파급력이 가장 높은 이슈들을 선정하고 이에 대한 대응을 준비하고 있다. 저성장도 핵심적 이슈의 하나이다.[1]

우리나라는 광복 이후 과학기술 발전을 기반으로, 한강의 기적으로 대변되는 괄목할 만한 경제성장을 이루어 왔다. 그러나 이제 고성장 시

---

[1] 미래창조과학부 미래준비위원회·KISTEP·KAIST, 《10년 후 대한민국: 미래이슈 보고서》, 지식공감, 2015.

<그림 2> 저성장과 성장전략 전환 이슈와 다른 이슈와의 연관관계

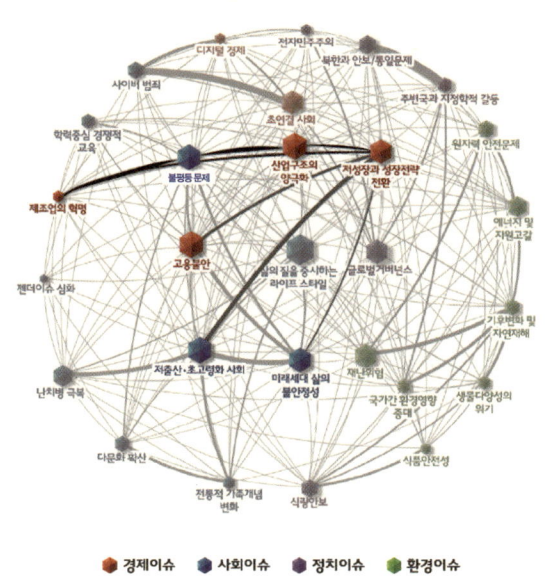

- ● 경제이슈 ● 사회이슈 ● 정치이슈 ● 환경이슈

대는 막을 내리고 있다. 1970, 80년대에 연평균 9% 이상이던 경제성장률이 2011년 이후에는 3% 수준으로 낮아졌다. 이러한 저성장은 우리만의 문제가 아니다. 2008년 글로벌 금융위기 이후 세계 경제성장률도 3%대로 낮아지고 있다. 저성장이 일상화되는 소위 뉴노멀(New Normal) 시대가 도래하고 있다.

저성장은 청년실업, 양극화, 저출산 등 다양한 사회문제와 연계되어 우리 삶의 방식에 근본적인 변화를 가져올 것으로 예측된다. 또한 글로벌 경쟁이 치열해지면서 기업들의 생존환경도 변화한다. 경제성장이 둔화되면서 신규 일자리 부족으로 청년실업이 심각해지고 있다. 청년 실업이 소득과 부의 양극화, 부모 경제력에 따른 교육 기회의 양극화로 이어질 수 있다는 우려도 있다. 또한 경제적 어려움이 가중되면서 젊은층이 결혼과 출산을 미루게 되어 저출산의 문제도 심화된다. 이렇듯 저성장은 여러 사회문제와 긴밀한 연관성을 가지고 있어 저성장에 대한 대응은 앞으로 더욱 중요해질 것이다.

자본과 인력 중심의 요소투입형 성장이 한계에 도달하고 있고, 저출산·고령화, 기후변화 대응 등이 경제성장에 부담을 주면서 글로벌 저성장은 앞으로도 지속될 것으로 전망된다. 우리나라의 추격형 전략으로는 이러한 저성장을 극복하기 어려울 것으로 예측된다. 대기업 중심의 산업 생태계, 저부가가치 위주의 서비스 등도 성장의 걸림돌이 되고 있다. 따라서 기존의 성장 방식에서 탈피하여 미래 전망을 바탕으로 한 새로운 성장 패러다임을 모색하고 이에 대한 사회적 합의를 도출해야 한다. 이런 점을 감안하여 미래준비위원회는 저성장 시대에 대응하는 성장전략을 제시하기로 결정하였다.

저성장 시대의 성장전략 역시 과학기술과 혁신에 의존해야 한다는 점에서 기존의 성장전략과 큰 틀에서 차이가 없다. 다만 저성장 시대이기 때문에 과학기술과 혁신에 더 의존해야 하고, 창의성에 더 무게를 두어야 한다는 것이다. 이를 위해서 과학기술 발전 지원과 혁신의 추진에 있어 좀 더 전략적이어야 한다. 예측되는 미래에 빠르게 대응하고 핵심을 파악하여 선택과 집중에 나서야 한다.

구체적으로는 미래에 각광받게 될 신산업에 남보다 빨리 대처하고 새롭게 등장할 신서비스에 대해서도 신속하게 대응해 나가는 것이 중요하다. 신산업과 신서비스는 동전의 양면과 같다. 산업이 서비스를 가능하게 하고 서비스가 산업을 끌고 가기도 한다. 따라서 본 보고서에서는 신산업과 신서비스에 초점을 맞추었다. 앞으로 유망해질 새로운 서비스군을 발굴하고 그 서비스를 가능하게 하는 기술을 함께 준비할 수 있도록 하기 위해서다. 이를 위해 미래준비위원회에서는 932명의 국내 전문가를 대상으로 미래에 유망하고 일반 시민의 입장에서 가장 수요가 높은 신서비스를 조사하였다. 도출된 27개 후보 서비스 중 산업의 파급효과와 서비스의 실현 가능성을 중심으로 10개의 신서비스를 다음과 같이 도출하였다.

신산업과 신서비스에 대한 기술개발, 제도 마련 등 선제적 대응이 분명 뉴노멀 시대를 극복하는 전략이 될 수 있을 것이다.

〈그림 3〉 과학기술·ICT 기반의 미래 유망 10대 신서비스

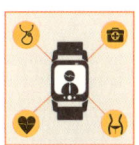
개인 맞춤형
헬스케어 서비스

현금 없는
금융 서비스

무인 네트워크
운송 서비스

사물인터넷
재난대응 서비스

건강수명
증진 서비스

전력 충전 서비스

그린 에너지
플랫폼 서비스

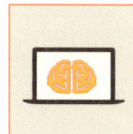
인공지능 만능
전문가 서비스

웨어러블 에너지
공급 서비스

소셜 러닝 서비스

10 년 후 대한민국
미래전략 보고서
대한민국
뉴노멀 시대의 성장전략

| 제2장 |

저성장 시대의 도래

제1절
저성장 시대로의 진입

2008년 글로벌 금융위기 이후 세계 경제성장률은 3% 수준으로, 저성장이 고착화되고 있다. IMF, OECD 등 국제기구들은 선진국과 신흥국의 성장률 동반 하락으로 인한 세계경제의 장기 침체 가능성을 경고하고 있다.

IMF는 2015~2020년 선진국의 잠재성장률을 연평균 1.6%로 전망하였는데, 이는 글로벌 금융위기 이전의 2.25%에 훨씬 못 미치는 수준이다. 이러한 성장률 하락은 신흥국도 예외는 아니어서 IMF는 2015~2020년 신흥국의 잠재성장률이 연평균 5.2% 수준에 그칠 것으로 내다보았다. 특히 세계시장 수요를 주도하던 중국, 인도 등 신흥국의 성장률 하락이 선진국의 성장을 둔화시켜 글로벌 저성장을 더욱 심화시킬 것으로 우려하고 있다.

〈그림 4〉 선진국과 신흥국의 잠재성장률 전망(자료: IMF)

2.25%

1.6%

6.5%

5.2%

금융위기 이전
(2001~2007년)

금융위기 이후
(2015~2020년)

금융위기 이전
(2001~2007년)

금융위기 이후
(2015~2020년)

2010년 10%에 달하던 중국의 경제성장률이 2015년에 7%대 아래로 떨어졌고, 향후 성장세가 더욱 둔화할 것으로 예상되고 있다. 중국의 경제성장 둔화는 중국에 대한 수출의존도가 높은 국가에도 부정적인 영향을 끼칠 것이다. 이와 함께 각국의 고용상황이 나아지지 않을 것이라는 예측도 저성장의 장기화를 우려하게 하고 있다.

OECD는 2016년 말까지 전 세계 생산가능인구의 54.8%만이 일자리를 가질 것으로 예측했으며, 이는 금융위기 전인 2007년 55.8%에 비하여 1% 낮아진 수치로 약 1,100만 개의 일자리가 사라질 전망이라는 의미이다. 최근 세계경제포럼(WEF)에서도 '제4차 산업혁명에 따른 미래(2015~2020) 일자리 변화 전망'[2] 보고서를 통해 2020년까지 500만여 개의 일자리가 줄어들 것으로 예측하였다. 신규로 창출되는 일자리는

---

2 WEF(2016), 'The Future of Jobs'.

200만 개인 반면, 710만 개의 일자리가 사라지게 된다는 것이다.

　유럽의 재정위기도 개선될 조짐이 보이지 않고 있다. 저성장이 지속되면서 세계경제 패러다임에 근본적 변화가 일어나고 있다. 비정상적인 저성장이 일상화되어 정상적으로 받아들여지는 소위 뉴노멀(New Normal) 시대로 진입하는 것이다.

 뉴노멀(New Normal)

뉴노멀은 2008년 세계 금융위기 이후에 등장한 새로운 세계 경제질서를 일컫는 말이다. 세계 최대 채권운용회사 핌코(PIMCO)의 최고경영자 모하메드 앨 에리언이 그의 저서 《새로운 부의 탄생》에서 금융위기 이후의 세계 경제질서로서 뉴노멀을 언급하면서 널리 사용되게 되었다. 금융위기 이후 나타나고 있는 저성장, 저물가, 저금리, 높은 실업률 등이 뉴노멀로 논의되고 있다.

제2절
글로벌 저성장의 원인

저성장이 지속되는 원인은 크게 세 가지로 볼 수 있다. 첫째, 저임금 노동력에 의존한 성장이 한계에 도달하고 있다. 자본과 노동의 투입만으로는 성장할 수 없는 환경으로 변화하고 있는 것이다. 둘째, IT · 자동화 기술 등의 발달이 고용 없는 성장을 유발하고 있다. 셋째, 기후 · 환경 등 경제를 둘러싼 변수들이 성장에 부담을 가중시키고 있다.

● 전반적 투자 부진

경쟁이 가속되고 신산업의 창출이 부진해지면서 마땅한 투자처가 부족해지고 있다. 이와 더불어 세계 금융위기 이후 유럽 재정위기의 장기화와 일본의 경기 침체가 이어지면서 세계 경제의 불확실성이 높아진 것도 투자 부진을 가중시키고 있다. 선진국들의 민간 투자 증가율은 1997~2006년간에는 연평균 3.3%였지만 2010~2014년간 2.1%로 낮아졌다.

설상가상으로 중국 등 신흥국도 최근 성장이 둔화하면서 석유 등 원자재 가격이 급락하고, 선진국의 주요 수출시장인 신흥국의 구매력도 축소되고 있다. 이렇듯 투자가 위축되면서 선진국과 신흥국의 성장이 부진해지고 있다.

● 저임금 노동력에 의존한 성장의 한계

과거 중국 등 신흥국들은 저임금 노동력으로 경제성장을 견인해 왔다. 하지만 신흥국에서도 차차 인건비가 상승함에 따라 저임금 노동력에 의존한 경제성장은 한계에 도달하고 있다. 중국의 경우 2008년 글로벌 금융위기 이후 인건비 상승에 따라 생산성이 가파르게 하락하고 있으며, 저임금 노동력을 공급하던 농민공도 감소하고 있다. 농촌지역의 경제가 발전하면서 도시로 일자리를 찾아 이동하던 농민공이 줄어들고 있는 것이다.[3] 이제 더 이상 중국 등 신흥국들의 저임금 노동력 공급에 의존한 세계 경제성장은 기대하기 어려운 상황이다.

● 고용 없는 성장으로 인한 일자리 부족

일자리 부족, 특히 청년 일자리 문제는 개별 국가에 국한된 문제가

---

3 중국 국가통계국, '2014 전국 농민공 감축조사 보고서', 2015.4.29.

아니다. 이는 전 세계적인 문제로, 모든 국가들이 일자리 창출에 고심하고 있다. 과거에는 경제성장과 일자리 창출이 함께 이루어졌다. 경제가 성장하면 일자리가 늘어나고 일자리가 늘어나면 경제가 성장하는 선순환 구조였다. 하지만 최근 들어 이러한 구조가 깨어지고 있다. 고용을 창출하지 않으면서도 성장하는 산업들이 나타나고, IT와 자동화 기술의 발전이 고용 없는 성장을 가속시키고 있다. 2000~2010년 미국 사례를 통해 보면 제조업 고용을 감소시키는 가장 큰 요인은 자동화, 공정 합리화, 기술혁신 등을 통한 생산성 향상 등이었다. 이러한 요인에 의한 제조업 고용 감소는 전체 제조업 고용 감소의 66%를 차지하는 것으로 나타났다.[4] 그리고 이러한 추세를 볼 때, 향후 2030년까지 선진국 제조업의 고용이 11% 이상 감소할 것이라는 전망도 있다.

● 고령화로 인한 생산가능인구 감소 및 복지부담 증가

인구 고령화는 생산가능인구(15~64세)를 감소시켜 성장률을 하락시킨다. 더 심각한 것은 증가하는 복지 수요로 정부의 재정 부담이 늘어나 저성장을 가속시킬 수 있다는 것이다. 선진국에서는 고령화와 함께 이민인구의 유입마저 둔화되면서 생산가능인구가 감소하여 2050년에는 경제성장률이 절반까지 하락할 수 있다는 우려가 나오고 있다. 신흥국도 예외는 아니다. 고령화는 의료비와 같은 정부의 복지 관련 지출을 증가시키고, 이는 국가재정을 악화시켜 성장 둔화를 불러올 수 있다.

---

4 윤문섭·조현대, '선진국 진입에 따른 제조업 일자리 감소 현상 및 대응 방안', STEPI Insight 제 134호, 2014. 1. 15.

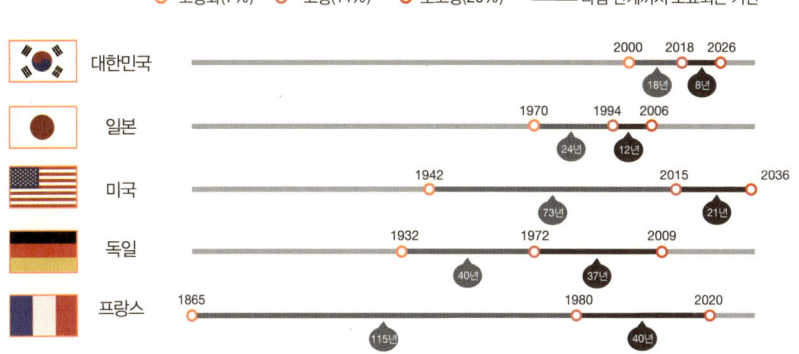

〈그림 5〉 주요국 인구고령화 추이(자료: UN)

○ 고령화(7%) ○ 고령(14%) ○ 초고령(20%) ━━ 다음 단계까지 소요되는 기간

● 기후변화 대응을 위한 국가부담 증가

또 다른 위협 요인은 기후변화 대응에 따르는 비용 부담이다. UN은 기후변화에 체계적으로 대응하지 않으면 21세기 자연재해로 인한 경제적 손실이 최소 25조 달러에 이를 것이라고 경고하고 있다. 이는 전 세계 GDP의 1/3에 해당하는 규모이다(UNISDR, 2013). 현재 기후변화에 대응하기 위해 국제적으로 이산화탄소 등 온실가스 감축에 대한 논의가 활발해지고 있다. 일부 선진 국가에서는 탄소세[5]를 도입하여 이산화탄소의 발생을 억제하고 있다. 개도국의 입장에서는 경제성장과 환경이란 두 마리 토끼를 잡기가 용이하지 않아 기후변화에 대응하는 비용이 경제성장에 부담으로 작용할 수밖에 없다.

2015년 12월 유엔기후변화협약 당사국 총회(COP21)에서는 파리 기

---

5 이산화탄소를 배출하는 석유, 석탄 등 각종 화석에너지의 사용량에 따라 부과하는 세금.

후변화협약을 체결하고 금세기 말인 2100년까지 산업화 시대 이전 대비 지구 평균 온도 상승폭을 1.5℃까지 제한할 것을 명문화하였다. 이에 따라 2020년부터 모든 국가가 스스로 정한 방식에 따라 의무적으로 온실가스 감축을 시행하는 신기후체제로 전환된다. 이러한 국제적인 움직임은 결국 산업 부문의 비용 증가로 이어져 경제성장에 부정적인 영향을 미칠 수밖에 없다.

제3절
우리나라의 저성장 현황과 문제점

1. 우리나라 현황과 전망: 장기적 저성장 기조 고착 우려

우리나라는 2008년 글로벌 금융위기 이후 경제성장률이 3%대에서 정체되면서 저성장의 고착화에 대한 우려가 높아지고 있다. 2015년도 경제성장률은 세계 평균인 3.4%보다도 낮은 3.1% 수준이다. 우리 경제는 유럽의 재정위기, 신흥국의 성장 둔화로 수출이 어려워지면서 글로벌 저성장의 영향을 더욱 많이 받고 있는 것으로 보인다.

장기적으로도, 급속한 고령화로 인한 생산가능인구 감소로 우리나라의 잠재성장률 저하는 지속될 것으로 전망된다. OECD는 2031~2050년 간 우리나라의 평균 잠재성장률을 1.0%로 예측하고 있다. 이는 OECD 평균은 물론 미국 · 유럽 · 일본 등 주요 국가들보다도 낮은 수준이다.

이러한 성장잠재력의 약화와 저성장의 지속은 청년실업과 전반적 고용 사정의 악화, 부동산 시장 침체 등 많은 문제를 심화시킬 것이다.

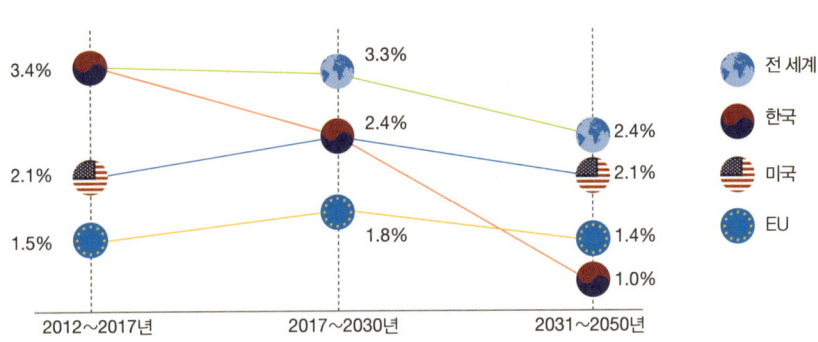

〈그림 6〉 세계 잠재성장률 전망(자료: OECD)

2. 저성장 시대 한국 경제성장의 문제점

지난 반세기 동안 수출 위주의 추격형 전략으로 빠르게 성장한 우리 경제는 최근 글로벌 저성장 기조 속에서 어려움을 겪고 있다.

● 추격형 전략으로 인한 주력산업 한계

우리나라는 지난 30년간 추격형 전략을 통해서 경제성장을 성공적으로 이루어 왔다. 반도체, 스마트폰 등 첨단 ICT 제품을 비롯하여 자동차, 철강, 석유화학, 조선 등의 분야에서 빠른 속도로 선진국을 추격하면서 우리 경제의 주력산업을 키워 왔다.

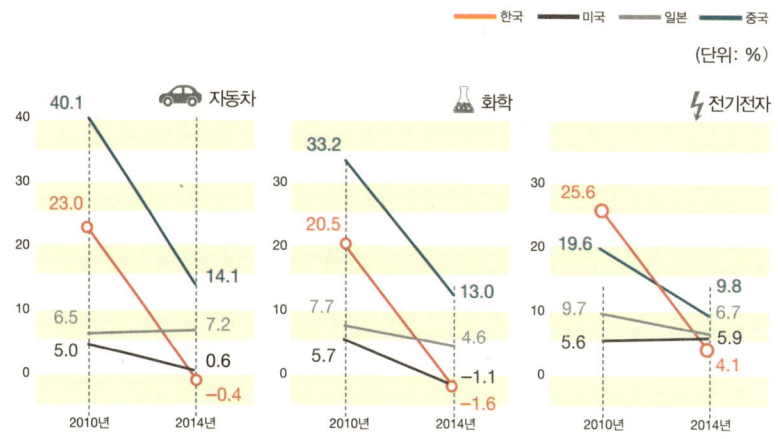

〈그림 7〉 국가별·업종별 매출 증가율(자료: 한국경제연구원)

그러나 우리의 경제가 성장함에 따라 기존의 추격형 전략은 그 한계를 드러내고 있다. 중국 등 신흥국들이 우리 경제의 비교우위를 점하면서 철강, 조선, 전자 등 우리의 주력산업이 위협받고 있다. 특히 최근 반도체를 비롯한 IT 제조업 분야에서의 중국의 공세는 엄청난 위협으로 다가오고 있다.

● 수출주도형 경제의 한계

글로벌 금융위기 이후의 세계교역 위축도 저성장의 한 원인이다. 세계교역의 증가율은 2000~2008년간 연평균 12.5%를 기록했지만 최근 3년간은 1.2%로 크게 떨어졌다. 이러한 세계교역의 감소는 수출 비중이 높은 우리 경제에 더욱 큰 영향을 미치고 있다. 2015년에는 우리나라 수출의 경제성장 기여도가 −0.2%를 기록하는 등 수출 부진이 경제성장률을 떨어뜨리고 있다. 앞으로도 세계 교역시장의 침체는 수출주도형인 우리 경제에 어려움을 줄 전망이다.

● 대기업 중심의 산업 생태계

우리 경제는 추격형 경제성장 과정에서 대기업 중심으로 성장해 왔다. 이 과정에서 일부 대기업은 글로벌 기업의 반열에 오르면서 수출 확대 및 경제성장을 견인해왔다. 그러나 이러한 대기업 중심의 성장전략은 대기업과 중소기업의 격차를 심화시키고 있다. 대기업과 중소기업 간의 생산성과 임금수준 등 근로조건의 격차는 줄어들지 않고, 고용시장에서 대기업 선호와 중소기업 기피 성향도 여전하다. 중소기업들이 경쟁력을 잃으면 대기업과 중소기업 모두에 부정적 영향을 미칠 수 있다.

● 생산기지 해외 이전에 따른 국내고용 악화

국내 대기업들의 생산기지 글로벌화로 인해, 대기업의 성장이 내수증진으로 바로 이어지지 못하고 있다. 우리나라의 해외생산 비중은 2005년 6.7%에서 2012년 18.0%로 급격하게 증가했다. 기업들이 원가절감을 위하여 해외로 생산기지를 이전함에 따라 우리 기업의 매출이 국내 고용과 내수시장의 성장으로 이어지지 않고 있다.[6]

---

6 Mckinsey&Company(2015), '한국경제의 도전과 기회, 그 성장의 해법'.

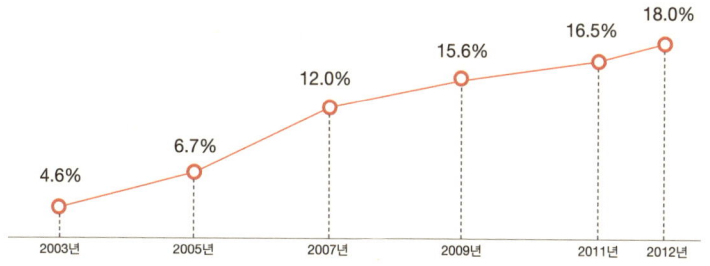

〈그림 8〉 우리나라 제조업의 연도별 해외생산 비중 추이(자료: 한국은행)

● 저부가가치 위주 서비스산업

저성장 시대에는 고용 창출 효과가 큰 서비스산업의 육성이 시급하다. 그러나 국내 서비스산업은 제조업에 비해 총요소생산성의 증가가 낮게 나타나고 있다. 이러한 결과는 국내 서비스산업이 저부가가치 서비스 위주로 성장하고 있음을 보여준다. 그리고 우리나라의 서비스산업은 선진국과 비교하여 일자리 창출 역량이 떨어지는 것으로 분석되고 있다.[7] 국내 서비스산업의 경쟁력이 취약한 것은 언어, 문화 등의 장벽으로 인해 세계시장보다는 내수시장 중심으로 경쟁이 이루어지고 있기 때문이라는 것이 전문가들의 분석이다.

〈그림 9〉 산업부문별 총요소생산성(자료: 한국은행)

제조업
서비스업

---

7 Mckinsey&Company(2015), '한국경제의 도전과 기회, 그 성장의 해법'.

제4절

주요국의 저성장 대응

세계 주요국들은 저성장을 극복하기 위한 대응전략을 마련하고 이를 추진해 나가고 있다. 우리의 저성장 대응을 위한 전략 모색에 필요한 시사점을 도출하고자 각국의 대응 방안을 살펴보고자 한다.

1. 글로벌 금융위기와 미국의 대응전략

● 글로벌 금융위기로 인한 경제침체

글로벌 금융위기 직후 미국은 경제 침체와 높은 실업률로 경제적 어려움을 겪게 되었다. 금융위기는 리먼브라더스(Lehman Brothers) 등 대형은행의 도산에 그치지 않고 주식시장의 붕괴와 소비시장의 위축을 가져와 미국 경제 전체가 위기에 직면했다.

미국은 금융위기 직후 연방준비제도이사회(FRB)[8]의 적극적 시장개입과 지원으로 비교적 신속하게 위기를 극복함과 동시에 제조업의 부활과 창업 활성화를 적극 추진하고 이를 지원하기 위한 과학기술혁신 기반을 확충하였다. 이러한 노력의 결과로 미국은 실업률이 다시 하락하고 경제성장률도 상승세를 보이고 있다.

● 제조업 부활을 통한 경제 회복

미국의 경제회복의 주요인으로 제조업 부활을 들 수 있다. 제조업 투자가 증가하고 있으며, 신흥국으로 생산기지를 이전했던 기업들이 되돌아오는 리쇼어링(reshoring) 현상이 나타나고 있다. 이러한 제조업 부활이 고용증가를 가져오면서, 근로자의 임금소득 증가가 소비자 구매력을 높이고 이는 다시 기업에 활력을 주는 선순환 구조가 작동하고 있다.

미국의 제조업 부활에는 에너지 가격을 낮춘 셰일혁명으로 인한 제조업의 생산비용 감소와 더불어 정부의 제조업 육성정책이 크게 기여하였다. 제조업의 부활을 위해 미국정부는 세제혜택을 통해 제조업의 R&D 투자 확대를 유도하고, 첨단 제조업 기술에 대한 산업계 · 학계 간 네트워크 구축을 유도하였다. 그리고 제조업 기업에 법인세를 인하하고 해외생산기지의 본국 이전에 대한 비용 보조도 병행하여 실시하였다.

---

8 1913년 미 의회의 연방준비법을 통해 만들어진 미국의 중앙은행 제도.

〈그림 10〉 미국 제조업 리쇼어링에 의한 일자리 변화(자료: 리쇼어링 이니셔티브)

※추정치, *는 2014년 12월 31일

● 국가 혁신 기반 강화와 창업 활성화 추진

미국은 2009년에 '국가혁신전략(Strategy for American Innovation)'을 발표하였다. 이 전략에서는 미국의 총 연구개발투자를 GDP의 3%로 확대하도록 하는 한편, 신재생에너지 등 미래유망산업에 대한 R&D 투자 확대와 기초연구 지원을 강화하기로 하였다.

이러한 혁신 기반을 바탕으로 2011년에는 창업 촉진을 위한 '스타트업 육성대책(Startup America Initiative)'을 발표하였다. 이 대책을 통해 창업펀드 조성, 창업 멘토링 제공 등 창업기반을 확충하는 한편, 비영리재단을 설립하여 혁신적인 창업기업을 지원하기로 하였다.

미국은 이렇게 저성장의 해법으로 제조업의 부활과 창업 활성화를 제시하였으며, 이를 위한 과학기술혁신 기반을 강화해 오고 있다.

2. 일본의 잃어버린 20년과 아베노믹스의 추진

● 거품경제의 붕괴와 잃어버린 20년의 시작

일본 경제는 세계대전 이후 고도성장을 이루었으나 1985년 미국이 주도한 플라자 합의로 엔화가 절상되면서 타격을 입게 된다. 일본은 엔고 부담으로 수출경쟁력이 하락하자, 경기부양을 위해 금리를 인하하고 기업 대출 기준을 완화하였다. 그러나 이는 결과적으로 주식과 부동산 시장에 거품을 발생시켰으며, 그 결과 1990년대 초반 자산가치 폭락이 일어나면서 소위 잃어버린 20년이라 일컬어지는 장기침체에 접어들게 되었다. 더욱이 2008년 세계 금융위기와 2011년 일본 대지진으로 일본의 경기 침체는 더욱 심화되었다.

● 아베노믹스의 추진: 경제성장과 고용 창출을 통한 위기 극복

일본은 장기적인 경제침체를 극복하기 위해 '신성장전략(2010)'에 이어 '일본재생전략(2012)'을 발표하였다. 최근에는 '3개의 화살'로 상징되는 아베노믹스를 내세우며 대담한 금융정책(제1의 화살), 기민한 재정정책(제2의 화살)과 함께 구조개혁을 핵심으로 하는 일본재흥전략(제3의 화살)을 추진하고 있다. 일본재흥전략에서는 기업 여건 개선과 정부의 보다 적극적인 역할을 강조하고 있으며, 민간의 투자 확대를 위한 제도 개혁, 국민 모두가 참여할 수 있는 경제환경 구축, 기술발전을 통한 신시장 개척 등을 제시하고 있다.

최근 기업 수익 개선, 임금 인상, 내수활성화 등 일본경제가 회복세를 보이면서 아베노믹스는 긍정적 평가를 얻고 있다. 하지만, 진정한 성공 여부는 구조개혁의 결과를 더 지켜봐야 안다는 주장도 제기되고 있다.

3. 유럽의 재정위기 대응전략

● 재정위기의 확산으로 인한 경기 침체의 장기화

2009년 10월, 그리스 정부가 재정적자 규모를 공개하면서 유럽의 재정위기는 수면 위로 떠오르게 된다. 그리스 정부는 2010년 5월 EU와 IMF에 구제금융을 신청하였고, 이어서 아일랜드와 포르투갈도 구제금융을 신청하면서 재정위기가 유럽 전반으로 확산되었다.

유럽의 재정위기는 여러 요인이 복합적으로 작용하여 발생한 것으로 전문가들은 분석하고 있다. 글로벌 금융위기 이후 경기 침체가 진행되면서 유럽 각국의 재정 수입이 감소하는 가운데 복지 비용 등으로 재정 부담이 가중되면서 재정위기가 발생하였다는 진단이 유력하다. 또한 유럽연합체의 복잡한 의사결정 과정으로 인해 문제에 신속히 대응하기 어려웠던 것도 재정위기의 한 요인으로 볼 수 있다.

● 혁신역량 창출과 R&D 투자 확대

유럽에서는 금융위기를 극복하고 지속적인 성장을 달성하기 위해 2010년 유럽 공동체 차원의 혁신전략인 '유럽 2020'을 발표하였다. 유럽 2020에서는 '스마트한 성장(Smart Growth)', '지속가능한 성장

(Sustainable Growth)', '함께하는 성장(Inclusive Growth)'의 3대 정책방향을 제시하고 있다. 이를 실현하기 위해서 R&D 투자를 GDP의 3%로 확대하고, 신재생에너지의 사용 비중을 20%로 늘리며 에너지 효율을 20% 이상 개선하는 것을 목표로 제시하였다.

또한 이를 달성하기 위해서 유럽공동체의 공동 R&D 프로그램인 '제 7차 프레임워크 프로그램(FP, Framework Programme 7)'에 혁신 프로그램을 가미한 '호라이즌(Horizon) 2020'을 새로 마련하였다. '호라이즌 2020'은 '유럽 2020'의 목표를 반영하여 EU GDP의 약 3%를 R&D에 투자하며, 세계 최고의 과학기술 연구기반을 마련하는 것을 목표로 한다. 이를 통해 중소기업의 참여를 이끄는 사업화, 전 세계 국가와의 국제협력, 유럽지역 연구기관 간 파트너십 등 3대 전략분야에서 세부전략을 추진하고 있다.

4. 중국의 성장 둔화와 신창타이(新常態)

● 중국의 성장 둔화

중국은 1978년 덩샤오핑의 개혁개방 이후 30년 넘도록 10% 이상의 고도성장을 지속해 왔다. 그러나 이러한 중국의 성장도 금융위기 이후 둔화되고 있다. 2012년에는 경제성장률이 7%대로 하락한 데 이어 2015년 3분기에는 6.9%까지 하락하였다. 이러한 성장 둔화는 제조업과 건설업의 부진에 기인한 것으로 분석되고 있다. 이제까지의 고속성장으로 노동임금이 상승하면서 생산성이 하락한 것도 성장 둔화의 한

원인으로 지목되고 있다.

● 중국의 신창타이(新常態)

2014년 개최된 중앙경제공작회의에서 시진핑 주석은 중국이 신창타이, 즉 뉴노멀 시대로 접어들었다고 공식 선언하였다. 고속 성장기에 보였던 두 자릿수 성장률을 7%대로 낮추는 한편, 질적 성장을 추구해 나간다는 것이다. 즉, 과거의 고속성장 과정에서 나타난 사회경제문제를 해결하면서 혁신을 통한 산업고도화를 추구하려 하고 있다.

이러한 질적 성장을 위해서 중국은 우선 '일대일로(一帶一路, 육상과 해상의 새로운 실크로드 건설 계획)'와 아시아인프라투자은행(AIIB) 설립을 통해 대규모 개발사업을 추진하고 있다. 이러한 개발사업에서 새로운 성장동력을 찾겠다는 것이다.

또한 제조업의 기술력 향상을 통해 산업을 고도화하고 미래형 신산업을 육성하고 있다. 기존의 저임금 노동력을 기반으로 한 단순 조립 생산에서 탈피하여 핵심 부품과 중간재를 생산하는 단계로 전환한다는 것이다. 이에 필요한 기술력 강화를 위해서 R&D 투자를 지속적으로 확대하고 해외 우수인력의 중국 유입을 촉진하기 위한 노력을 지속하고 있다. 이와 같이, 과학기술 육성, 제조 강국으로의 도약 등을 통한 산업구조의 고도화로 성장 둔화를 극복해 나가는 것이 중국의 전략이다.

10년 후 미래전략 보고서 대한민국
뉴노멀 시대의 성장전략

저성장 시대의 사회경제환경 변화

저성장 시대가 되면서 새로운 사회현상이 나타나기보다는 기존의 환경 변화가 가속될 것이다. 이러한 변화는 사회문제를 악화시키기도 하지만, 우리 사회가 보다 바람직한 방향으로 변화하도록 유도하기도 한다.

● 글로벌 신산업의 선점 경쟁

저성장이 장기화되면서 수익률이 높은 투자처를 찾지 못하고 있는 부동자금이 늘어나고 있다. 심지어 기존 투자처도 치열한 경쟁으로 수익률이 낮아지고 있다. 이에 따라 국가 간, 기업 간에 신산업을 발굴하고 선점하기 위한 경쟁이 치열해지고 있다. 신산업 선점 경쟁에서 낙오되는 기업들은 도태될 것이며, 경쟁력 확보를 위한 기업 간 M&A도 활성화될 전망이다. 국가 간에도 자국의 산업을 보호하기 위해 FTA, 지역경제연합 등 비관세 장벽을 통한 신보호무역주의가 확산되고 있다.

미래에는 인공지능, 사물인터넷(IoT), 3D 프린터, 무인자동차 등 새로운 제품이나 서비스가 신산업으로 등장할 것으로 예견된다. 2016년 다보스포럼에서는 이러한 산업의 패러다임 변화로 제4차 산업혁명이 도래할 것이라고 전망하였다. 그리고 제4차 산업혁명 과정에서 전통적인 제조업과 ICT 기업 간의 경계가 무너지면서 글로벌 경쟁이 가속될 것으로 전망하고 있다.

최근 미국에서 개최된 국제전자제품박람회(CES)에서 기업들은 전기자동차, 로봇, 드론 등 신제품과 신기술들을 경쟁적으로 선보였다. 또한 스페인 바르셀로나에서 개최된 세계모바일전시회(MWC)에서도 미래 성장동력이 될 가상현실 등에 대한 치열한 신기술 경쟁을 볼 수 있었다. 이렇듯, 신산업 창출을 위한 경쟁은 현실화되고 있다.

● 저비용 생활 혁신

저성장 기조가 지속되면서 소비여력이 줄어든 중산층과 저소득층은 낮은 가격으로 보다 높은 가치를 제공하는 제품과 서비스를 찾고 있다. 이러한 소비자의 니즈에 부응하기 위해 과학기술과 ICT를 활용하여 제품과 서비스의 가격을 낮추는 혁신이 가속되고 있다.[9] IT 기술의 발전에 따라, 소비자들의 필요에 즉각적으로 대응하는 방식으로 이 같은 혁신이 가능하게 되었다. 즉 3D 프린터, 모바일 기술 등과 같은 새로

---

9 HBR(2016), 'Tackling Big Global Challenges with Low-cost Innovation'.

운 기술의 등장으로 의료, 주택, 금융 등과 같은 영역에서 고객의 니즈에 맞게 신속하고 저렴하게 제품과 서비스를 제공할 수 있게 된 것이다.

 〈저비용 생활혁신의 사례들〉

• 3D 프린터를 이용한 주택 건설 (주택 분야)

중국 윈선(WinSun) 사는 저렴한 주택을 공급하기 위해 3D 프린터를 활용해 24시간 내에 10채의 주택을 완공하였다. 윈선 사는 그들의 기술이 기존의 노동비용을 80%로 줄이고 생산시간은 70%로 줄일 수 있다고 발표하였다.

• 저비용 모바일 지불 시스템 (금융 분야)

프랑스가 구축한 콩트 니켈(Compte Nickel)은 기존 은행 수수료의 10% 수준이면서 세계 어디서나 사용이 가능한 모바일 지불 시스템이다. 이를 통해 5천만 명에 달하는 유럽 저소득층이 저렴한 비용으로 금융활동을 할 수 있도록 하였다.

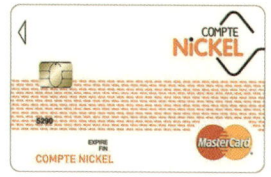

원선 사가 3D 프린터로 지은 건물　　　　저소득층을 위한 콩트 니켈 카드

출처: 원선글로벌 홈페이지(좌) / 콩트 니켈 홈페이지(우)

● 상시적 구조조정

저성장 기조에 진입하면서 기업들은 부가가치가 낮은 낙후산업을 축소하고 고부가가치산업을 육성하는 등 구조조정을 상시화할 것으로 전망된다. 이 과정에서 부실기업 또는 한계기업에 대한 구조조정도 이루어지게 될 것이다. 부실기업의 구조조정이 늦어지면 은행의 부실채권 규모가 확대될 수 있다. 우리나라 금융감독원의 발표에 따르면, 2015년 국내 은행의 부실채권 비율이 미국과 일본 은행보다 높아진 것으로 나타나고 있다. 미국, 일본은 지속적인 구조조정을 실시하였으나 우리나라는 부실기업에 대한 구조조정이 지연되어 은행 건전성이 악화되고 있나는 것이 전문가들의 의견이다.

구조조정은 고용인원의 감축을 동반하면서 고용불안으로 이어질 수 있다. 상시적 구조조정이 지속되는 상황에서 기업들은 경력자를 선호하게 되고, 이에 따라 숙련도가 떨어지는 청년층은 취업경쟁에서 불리한 위치에 놓이게 된다. 따라서 청년실업 문제는 더욱 악화될 수밖에 없다.

● 저출산 및 독신가구 증가

저성장으로 취업이 어려워지면 초혼 연령이 더 높아질 수 있다. 더 나아가 결혼과 출산을 포기한 청년들도 늘게 된다. 지난 1997년 IMF 외환위기 이후부터 우리나라의 초혼 연령이 높아지기 시작하여 2000년 이후에는 30세 이상에 머물고 있다. 특히 졸업 후 청년들의 취업이 어려워지면서 경제적 독립이 늦어지는 것도 이러한 변화 요인의 하나가되고 있다. 결혼 이후에도 미래 소득에 대한 불안과 내 집 마련의 어려움 등 경제적 문제에서 자유롭지 못해 출산율도 낮아지고 있다.[10] 우리나라는 세계 최저의 출산율(2015년 1.25명)[11]을 기록하고 있는데 이러한 출산율 저하는 저성장이 장기화되면서 더욱 심각해질 전망이다.

이렇듯 혼인 인구 감소와 출산율 저하에 따라 1인 또는 2인 가구가 빠른 속도로 증가하고 있다. 현재 1인 가구와 2인 가구를 합한 가구 수는 전체 가구의 50%에 달한다.[12] 1인 가구는 지난 2000년 226만 가구에서 2015년 506만 가구로 증가하였으며 2035년에는 전체 가구의 35%를 차지할 것으로 전망하고 있다. 이에 따라 전통적 4인 가구가 전체 가구에서 차지하는 비중이 2007년 42%에서 2030년에는 33.8%로 감소할 것으로 예측된다.

〈그림 11〉 우리나라 초혼 연령 변화 추이 (자료: 통계청)

(단위: 세)

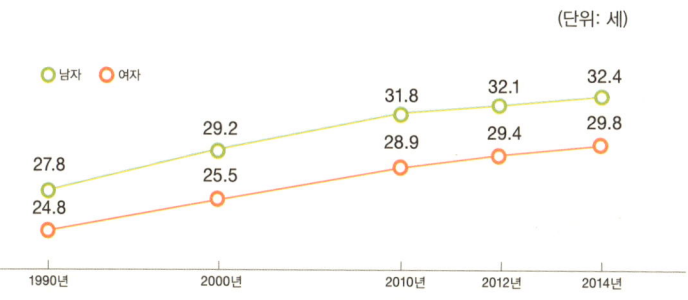

---

10 미래창조과학부 미래준비위원회 · KISTEP · KAIST, 《10년 후 대한민국, 이제는 삶의 질이다: 미래전략 보고서》, 지식공감, 2016.
11 Central Intelligence Agency, The World Factbook(2015)
12 통계청 e-나라지표.

● 고용불안 심화

금융위기 이후 세계 경제는 조금씩 회복되고 있으나, 고용률은 좀처럼 회복되지 않고 있다. 세계경제포럼(WEF)은 저성장이 지속되면서 고용불안이 더욱 심화될 것으로 우려하고 있다. 특히, 세계적으로 청년실업률이 높아지고 있다. 세계은행(2014년)은 전 세계 15~29세 청년의 25%인 3억 명에 이르는 청년들이 생산적인 직업을 가지지 못하고 있는 것으로 추정하고 있다. 또한 향후 10년간 노동시장에 진입하는 청년 중 40%만이 일자리를 얻을 것이라고 전망하고 있다.

우리나라도 고용 없는 성장의 해결이 시급하다. 우리나라 청년들도 취업난으로 어려움을 겪고 있다. 2015년 청년실업률은 10.2%로 전체 실업률 3.9%보다 2.6배 높은 수준이다. 한국경영자총협회의 조사 결과에 의하면 대기업의 신규채용은 2014년에는 0.5% 증가하였으나 2015년에는 오히려 3.4% 감소하였다. 중소기업의 경우에도 신규 채용이 2015년에만 6.5%나 감소한 것으로 나타났다.

〈그림 12〉 우리나라 연도별 실업률 현황(자료: 통계청)

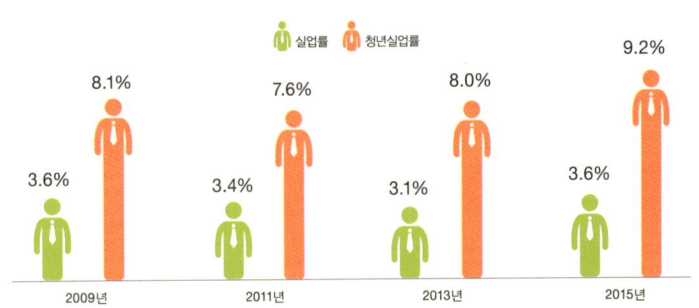

● 중산층의 감소

저성장이 지속되면 자영업의 경기 하락, 저임금 노동자 증가, 가구소득 감소 등으로 인해 중산층이 줄어든다. 미국의 경우 1971년 전체 인구의 61%를 차지하던 중산층은 세계 금융위기 이후인 2011년에 51%로 감소하였다.

우리나라도 예외는 아니다. 통계청의 '가계금융·복지조사'에 따르면 2011년부터 2014년 사이 중산층을 대표하는 4분위 소득계층(연 소득 4,800만 원에서 7,230만 원 사이)이 11.4%나 감소하였다. 경제의 주요 소비 계층인 중산층의 감소는 내수시장의 약화로 이어져 경제성장의 걸림돌이 될 수 있다.

〈그림 13〉 우리나라 중산층 비중 추이(자료: 통계청)

고소득층　중산층　저소득층
(2인 이상 도시가구 기준, 단위 %)

제 2 절
우리 생활의 변화 전망

● 합리적 소비를 즐기는 문화 확산

저성장이 우리 일상생활에 미치는 가장 큰 영향은 소비형태의 변화일 것이다. 가계경제가 어려워지면 소비심리가 위축되고 가격 대비 성능이 좋은 제품을 구매하려는 합리적 소비 성향이 강해진다. 그렇다고 소비자들이 단순히 저가 제품만을 찾는 것은 아니다. 브랜드만을 보고 상품을 구매하지 않고 실속 있는 저가 상품을 찾아다니는 알뜰소비족이 증가하는 것이다. 이러한 소비성향은 가격에 비해 상품의 질과 서비스 효용이 높은 제품(Low Price, Middle Quality) 혹은 값싸지만 세련된 칩시크(Cheap-chic) 상품 시장의 성장으로 이어진다.

최근 우리나라에도 대형 유통업자들에 의한 자체브랜드 상품(PB, Private Brand Product) 출시가 증가하고 있다. PB상품은 광고비, 유통비 등이 절약되어 제조업체 브랜드(NB, National Brand) 상품보다 저렴한 것이 특징이다. 우리나라의 한 대형마트는 조사 결과, 자체브랜드 상품의 매출액이 2006년 5,000억 원에서 2012년에는 3조 3,000억 원으로 6배 이상 증가한 것으로 나타났다.

합리적인 소비가 증가하면서 알뜰소비족을 겨냥한 제품이나 마케팅도 증가하고 있다. 이동통신 재판매 서비스를 통해 일반 통신사보다 저렴한 가격으로 이동통신 서비스를 제공하는 알뜰폰 시장의 확대는, 알뜰소비 증가가 고품질 저비용 상품 출시 경쟁을 불러일으킨 단적인 예이다. 합리적인 소비를 즐기는 문화가 확산됨에 따라 알뜰소비족들의 선택의 폭이 더 넓어지고 있는 것이다.

● 쇼루밍 현상과 해외 직구 증가

쇼루밍(Showrooming)은 매장에서 제품을 살펴본 뒤 온라인을 통해 최저가격의 상품을 찾아 구매하는 현상을 말한다. 전자상거래가 발달하고 인터넷을 통한 정보교환이 활성화되면서 나타난 현상이다. 스스로 정보를 모으고 비교하여 합리적으로 구매하는 소비자들이 늘어나면서 '쇼루밍족'이라는 용어도 등장하고 있으며, 소비정보를 모아서 온라인으로 제공하는 창업도 생겨나고 있다.

2014년 미국에서 실시한 조사에 따르면, 조사대상 미국인 2,000명 중 79%가 상품을 구매할 때 상품평을 참조하고, 그 중 절반이 상품평을 남긴다고 응답했다.

이러한 소비형태는 해외 직접구매의 증가로 이어지고 있다. 인터넷

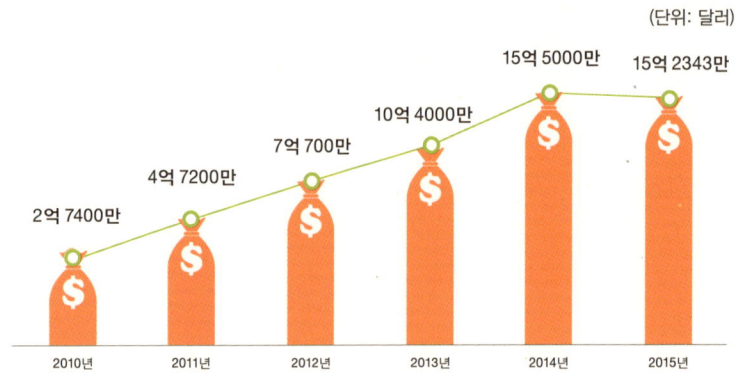

〈그림 14〉해외 직접구매 시장 규모(자료: 관세청)

(단위: 달러)

2억 7400만 / 4억 7200만 / 7억 700만 / 10억 4000만 / 15억 5000만 / 15억 2343만

2010년 2011년 2012년 2013년 2014년 2015년

이 발달하고 해외 유통망이 넓어짐에 따라 국내보다 싼 가격에 물건을 구매할 수 있는 해외 직접구매에 대한 소비자의 관심이 높아지는 것이다. 관세청에 따르면 해외 직접구매액은 2010년 2억 7,400만 달러에서 2015년에는 15억 2,343만 달러로 증가하였다. 온라인 공동구매의 한 형태인 소셜커머스도 지속적으로 성장하고 있다.

● 나홀로 족 증가에 따른 새로운 라이프스타일 등장

1인 가구와 2인 가구 등 소규모 가구의 증가가 라이프스타일의 변화를 가져오고 있다. 소규모 가구를 겨냥한 생활용품, 주택, 가전 등의 시장이 확대되고 있으며 소용량, 소포장의 가공식품과 즉석조리 식품의 소비가 꾸준히 성장하고 있다.

이러한 변화의 대표적인 사례가 혼자 밥을 먹는 소위 혼밥족과 가정용 간편식(HMR, Home Meal Replacement)의 판매 증가이다. 2014년 우

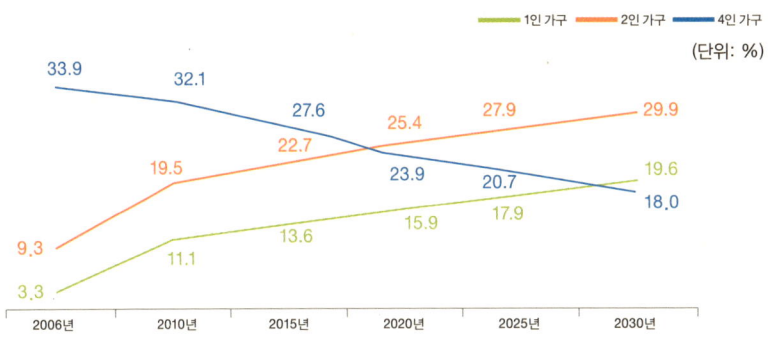

〈그림 15〉 가구원수별 소비지출 규모 추이 및 전망(자료: 산업경제연구원)

● 1인 가구　● 2인 가구　● 4인 가구

(단위: %)

- 4인 가구: 33.9 (2006년), 32.1 (2010년), 27.6 (2015년), 25.4 (2020년), 23.9, 20.7 (2025년), 18.0 (2030년)
- 2인 가구: 9.3 (2006년), 19.5 (2010년), 22.7 (2015년), 27.9 (2025년), 29.9 (2030년)
- 1인 가구: 3.3 (2006년), 11.1 (2010년), 13.6 (2015년), 15.9 (2020년), 17.9 (2025년), 19.6 (2030년)

2006년　2010년　2015년　2020년　2025년　2030년

리나라 가정용 간편식 시장 규모는 전년에 비해 31%나 성장하였으며, 2016년에는 2조 3,800억 원 규모에 이를 것으로 전망되고 있다. 주거 형태에서도 1인 가구들이 모여 사는 공동주택이 늘어나고 있으며 1인 영화관 등 소규모 가구에 적합한 문화서비스도 등장하고 있다.

한편 60대 이상 소규모 가구의 경우 소비활동이 위축되고 있다. 이는 경기 침체가 지속되면서 낮은 이자율로 인해 금융 소득이 줄어들고 노인층을 위한 직업도 감소하기 때문인 것으로 분석된다.

● 미래에 대한 불안감 증가

경기 침체가 장기화되면 취업의 어려움, 불확실한 노후, 고용 불안 등으로 미래에 대한 불안감이 증가된다. 실제로 국내 설문조사 기관인 엠브레인이 실시한 여론 조사에서 응답자의 77.9%가 미래에 대해 불안감을 느끼고 있다고 답했다.[13] 또한 미국의 조사에서는 글로벌 금융위기 이후 미국 직장인의 40% 이상이 임금 하락, 강제퇴직 등 직장과 관련하여 어려움을 겪은 것으로 나타났다.

이러한 미래에 대한 불안감은 자기계발, 안전자산 확보 등 미래 대비와 관련한 투자를 증가시킨다. 2014년 평생학습실태조사 결과에 따르면 우리나라 성인의 평생학습 참여율은 36.8%에 이른다. 이는 5년 전에 비해 8.8% 증가한 수치로 글로벌 금융위기 이후 개인들의 평생학습 참여가 증가하는 현상을 보여주고 있다. 이러한 변화는 저성장이 지속되면서 스스로의 능력을 향상시켜 자신의 가치를 높이고자 하는 자기계발 욕구가 강해졌기 때문인 것으로 해석된다.

● 공유경제의 확산

저성장이 지속됨에 따라 집과 자동차 등을 공동으로 소유하는 공유문화가 확산되고 있다. 세계적 미래학자인 제레미 리프킨은 2050년이 되면 공유경제가 새로운 경제 시스템으로 자리를 잡을 것으로 예측했다. 숙박 공유 서비스인 에어비앤비(AirBnB)나 온라인 자동차 중개서비스인 우버(Uber)는 공유경제의 성공사례로 자리를 잡아가고 있다.

프라이스워터하우스쿠퍼스(PwC, PricewaterhouseCoopers)의 보고서에 따르면, 미국 성인의 60%는 공유경제 확산에 찬성한다고 응답하였으며 72%는 앞으로 2년 이내에 자신들이 공유경제 활동을 하고 있을

---

13 최인수 외 3인, 《2016 대한민국 트렌드: 마이크로밀엠브레인 트렌드모니터》, 한국경제신문사, 2015.

〈그림 16〉 국내 카셰어링(Car Sharing) 시장 변화(추정치)(자료: 조선일보 기사 재인용)

것이라고 답했다. 이러한 공유문화는 장난감, 유모차, 주방가전, 산업기기 등 다양한 제품군으로 확대되고 있으며, 이를 지원하기 위한 온라인 플랫폼 사업의 창업도 늘어나고 있다. 스마트폰 등 ICT 기술의 발전도 공유문화의 확산을 가속시키고 있다.

국내에서도 대도시와 20~30대를 중심으로 차량 공유가 늘어나고 있다. 차량 공유 사이트인 쏘카(SOCAR)의 회원 수는 2013년 4만 명에서 2015년에 135만 명으로 급격하게 증가하였다. 주택공사는 차량공유를 활성화하기 위해 차량공유 시범도시를 지정하고, 기업형 임대주택(뉴스테이)에 차량공유 서비스를 도입할 계획이다. 이러한 변화는 소비자의 구매에도 영향을 미친다.

● 살(buy) 집에서 살(live) 집으로

저비용 생활환경에 대한 선호는 주거에 대한 인식도 바꾸고 있다. 그간 우리나라 국민들은 집을 투자의 대상으로 인식해왔으며, 빚을 내서라도 자기 소유의 집을 마련해야 한다는 생각도 강했다. 이 같은 현상은 우리나라에서만 볼 수 있는 독특한 형태의 전세제도를 만들어 내기도 했다.

그러나 우리나라도 저성장이 지속되고 주택비용이 증가하면서 장기거주를 보장하고 임대료 인상이 제한된 기업형 임대주택(뉴스테이) 등에 대한 선호가 커지고 있다. 또한, 가족들이 같이 땅콩주택14 등 새로운 형태의 주거공간을 마련하거나, 여러 사람이 별도로 독립적인 방을 가지면서 주방이나 거실을 공유하는 주거형태도 나타나고 있다. 주택의 개념이 투자의 대상에서 실제 거주 공간으로 변화할 전망이다.

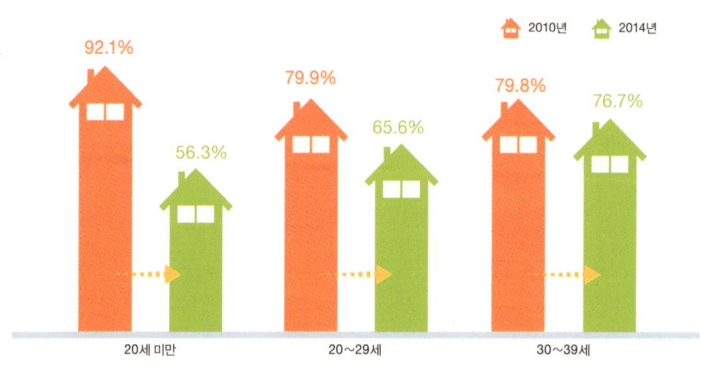

〈그림 17〉 가구주 연령별 주택보유의식(자료: 국토교통부 주거실태조사)

2010년   2014년

92.1%   56.3%   79.9%   65.6%   79.8%   76.7%

20세 미만   20~29세   30~39세

---

14 한 개의 필지에 두 개의 주택이 나란히 지어진 주택.

10년 후 대한민국
미래전략 보고서

대한민국
뉴노멀 시대의 성장전략

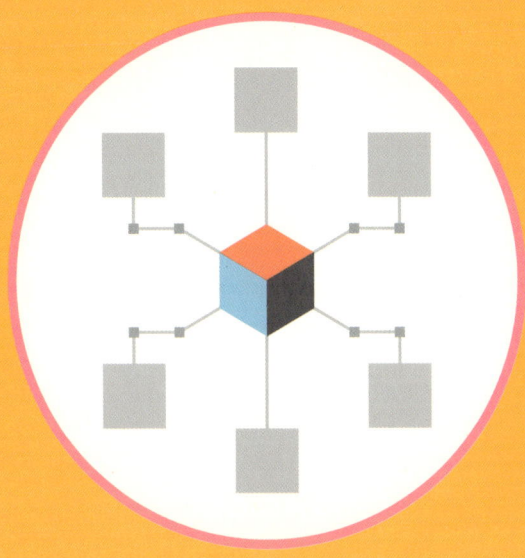

제1절
저성장 시대의 대응전략

1. 성장과 고용이 함께 가는 혁신

저성장이 지속되면서 우리 사회경제환경과 삶의 방식에 변화가 오고 있다. 미래준비위원회가 2015년에 발표한 미래이슈 분석 보고서[15]에 따르면 10년 후 우리가 당면하게 될 이슈들은 대부분 저성장의 직간접적인 영향을 받거나 저성장에 영향을 미치는 문제들이다. 미래이슈 분석 보고서에서 언급했듯이, 저성장은 필연적으로 고용불안을 야기한다. 그리고 고용불안은 미래세대의 삶의 불안정성, 불평등, 저출산·고령화 등의 이슈에 부정적 영향을 미친다. 다시 말해, 저성장 시대에 나타나

---

[15] 미래창조과학부 미래준비위원회 · KISTEP · KAIST, 《10년 후 대한민국: 미래이슈 보고서》, 지식공감, 2015.

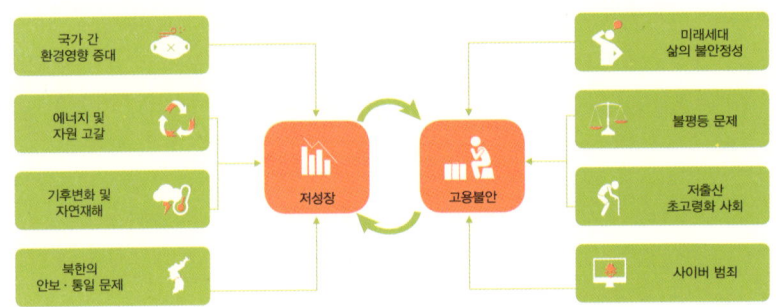

〈그림 18〉 향후 10년간 미래사회 10대 이슈의 상호 인과관계도

는 고용불안은 불평등을 심화시키고, 특히 미래세대의 삶을 불안하게 만든다. 그리고 미래세대의 삶에 대한 불안감은 결혼과 출산에도 악영향을 미쳐 저출산·고령화 문제를 심화시킨다. 이러한 문제들은 다시 경기회복을 더디게 하고, 저성장을 심화시키는 악순환의 고리를 만든다. 한편 국가 간 환경영향 증대, 에너지 및 자원 고갈, 기후변화 및 자연재해, 북한과 안보·통일 문제 등의 이슈들도 저성장과 고용불안에 영향을 미친다.

 미래준비위원회는 저성장과 연관되어 있는 다양한 이슈들을 모두 고려한 신성장전략을 제시해야 한다는 데에 의견을 모았다. 이와 함께 첨단기술과의 융합이 가속되는 미래산업의 패러다임 변화를 감안하여, 저성장 시대의 성장전략은 기술혁신을 기반으로 해야 한다는 점에 대해서도 의견이 모두 일치하였다. 특히 이번 신성장전략 보고서에서는 저성장과 고용문제를 함께 해결할 수 있는 방안을 제시하는 데 주안점을 두기로 하였다.

● 창의성과 문화의 융합을 통한 성장동력 확충

새로운 고용을 창출하며 저성장을 극복하기 위해서는, 과학기술을 기반으로 창의성과 문화를 융합하여 고부가가치의 성장동력을 확충해야 한다. 과거의 요소투입형 성장의 한계를 벗어나 질적 성장을 이루기 위해서는 창의성을 기반으로 한 혁신을 강화할 필요가 있다. 미래에는 첨단기술 간, 산업 간 융합 과정에서 새로운 고부가가치산업이 탄생할 것이다. 이러한 융합의 시대에는 창의성을 바탕으로 새로운 가치를 만들어내야 경쟁에서 이기고 새로운 성장동력을 이끌어낼 수 있다. 특히, 문화는 언어와 국경을 넘어 무궁무진한 경제적 가치를 만드는 힘이 있다. 우리의 문화에 첨단기술을 융합하여 새로운 가치를 찾아내려는 노력이 필요하다.

융합의 시대에는 다양한 분야의 전문가, 기업들이 이익을 공유하면서 협업해야 성장할 수 있다. 경쟁은 가속되고 있으나 R&D 투자, 인력 등 혁신자원은 제한을 받는 새로운 환경으로 바뀌고 있다. 또한 혁신 과정도 복잡해지고 있다. 이에 따라 한 국가 또는 한 기업이 모든 혁신 과정을 자체적 역량만으로 수행하는 것이 점점 어려워지고 있다. 이를 해결하기 위해서는 폐쇄형 혁신 방식에서 협업이 강조되는 개방형 혁신 방식으로 전환해야 한다.

고용시장의 경직성과 낮은 생산성 문제도 해결되어야 한다. 획일적인 고용과 임금체계를 벗어나 혁신적인 노동인력이 대우받고 그에 합당한 보상을 받는 시스템이 만들어져야 한다.

2. 우리의 도전과 기회

● 제조업의 위기와 신흥국의 도전

한국은 지난 50년간 추격형 전략을 통해 철강, 조선, 자동차, 화학, 전자 등 주력산업에서 경쟁력을 갖추어 왔다. 그러나 중국 등 신흥국의 추격과 글로벌 선도 기술의 부족 등으로 주력산업의 성장이 정체되고 있다. 최근 10년간 한국의 주력산업은 철강 · 정유(2003년) → 석유화학(2004년) → 자동차 · 조선해양(2009년) → 스마트폰(2014년) 순으로 중국에 추격당하고 있다. 이러한 신흥국의 도전 속에 우리의 미래 먹거리 확보에 대한 우려의 목소리가 높다. 주력산업의 위기를 극복하고 저성장의 파고를 넘기 위해서는 미래 먹거리를 확보하는 것이 무엇보다도 중요하다. 전국경제인연합회가 2013년 8월 국내 경제전문가를 대상으로 실시한 설문조사에서도 응답자의 83.3%가 저성장 극복을 위한 가장 시급한 대책으로 '성장동력의 확충'을 꼽았다.

출처: 전기차 제조 업체 패러데이 퓨처 홈페이지 (사진 상) / 드론 업체 이항(EHANG) 홈페이지(사진 하)

● 기술과 산업이 융합되는 제4차 산업혁명의 도래

미래에는 첨단기술 간, 산업 간 융합을 통해 새로운 고부가가치산업과 신기술들이 탄생할 것으로 전망된다. 최근 열린 다보스 포럼에서도 미래형 기술이 산업에 융합되는 소위 제4차 산업혁명이 화두였다. 제4차 산업혁명은 로봇, 인공지능, 사물인터넷 등 미래형 기술이 기술 간, 산업 간 경계를 허물고, 산업과 사회 나아가 우리 삶의 방식까지 변화시킬 것으로 예상되었다.

한국은 제조업 기반의 제2차 산업혁명과 ICT 기반의 제3차 산업혁명에서는 성공을 거두었다. 추격형 전략이 효율적으로 작용했기 때문이다. 그러나 제4차 산업혁명에서는 이전과는 다른 새로운 방식의 혁신 즉, 창의력을 바탕으로 기술과 산업을 융합하는 역량이 요구된다. 이러한 변화 속에서 우리가 어떻게 혁신을 해 나갈 것인가에 대해 고민하고, 주력산업의 위기를 극복하여 성장을 지속할 수 있는 해법을 찾아내야 한다.

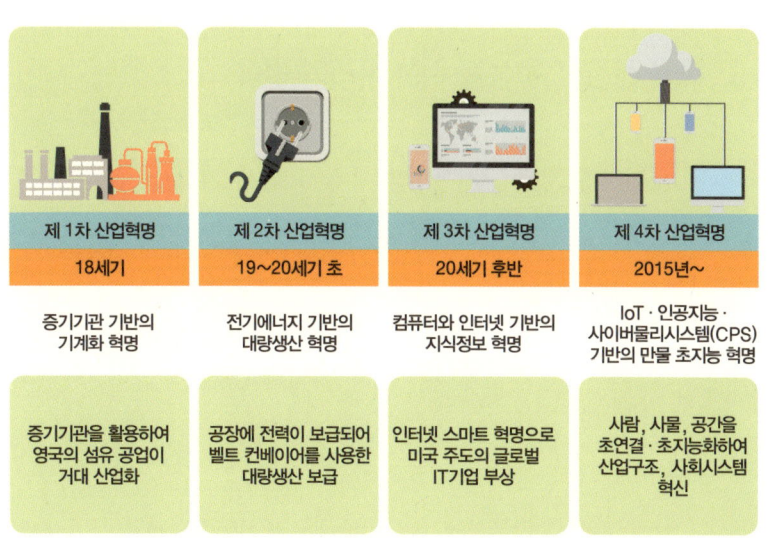

제 1차 산업혁명	제 2차 산업혁명	제 3차 산업혁명	제 4차 산업혁명
18세기	19~20세기 초	20세기 후반	2015년~
증기기관 기반의 기계화 혁명	전기에너지 기반의 대량생산 혁명	컴퓨터와 인터넷 기반의 지식정보 혁명	IoT·인공지능·사이버물리시스템(CPS) 기반의 만물 초지능 혁명
증기기관을 활용하여 영국의 섬유 공업이 거대 산업화	공장에 전력이 보급되어 벨트 컨베이어를 사용한 대량생산 보급	인터넷 스마트 혁명으로 미국 주도의 글로벌 IT기업 부상	사람, 사물, 공간을 초연결·초지능화하여 산업구조, 사회시스템 혁신

● 우리의 기회: 우수한 ICT 기반과 한류 문화자산

제4차 산업혁명에서는 보다 높은 수준의 ICT 기술역량과 창의력이 필요하다. 한국은 세계적 수준의 ICT 인프라와 제조기술을 보유하고 있다. 세계 최초로 CDMA(코드분할다중접속)를 상용화한 경험이 있으며 반도체, 디스플레이, 스마트폰 등 ICT 제조업에서 두각을 나타내고 있다. 또한 ICT 발전지수 1위로 평가되는 ICT 인프라를 보유하고 있다. 여기에 한류로 대표되는 문화적 자산은 신산업의 가치를 높이는 요소로 작용할 수 있다. 이러한 장점을 바탕으로 성공한 사례로 아모레퍼시픽을 들 수 있다. 아모레퍼시픽은 한국적 감성과 혁신적 기술을 결합한 프리미엄 화장품을 개발하여 세계 화장품 시장에 돌풍을 일으키고 있다. 2015년에는 포브스 세계 100대 혁신기업에 선정되었다. 이처럼 우리가 가진 장점을 살린다면 미래 신산업 경쟁에서 충분히 우위를 점할 수 있을 것이다.

3. 미래 신산업 육성을 위한 우리의 전략

제4차 산업혁명 시대의 신산업은 융합을 통해 가치가 창출될 것이다. 서비스업과 제조업의 융합, 제조업과 ICT의 융합으로 산업 간 경계가 무너지고 있으며, 문화와 ICT의 융합으로 새로운 가치가 창출되고 있다. 이 같은 상황에서 기회를 만들기 위해서는 다음과 같은 새로운 전략으로 미래 신산업을 육성해야 할 것이다.

● 창의와 기술 융복합화를 통한 고부가가치화

자동차, 반도체 등 한국의 주력산업은 원가경쟁력을 기반으로 생산기술에서 우위를 점함으로써 성장해왔으나, 핵심부품이나 고부가가치 제품의 글로벌 경쟁력은 취약하다. 생산기술의 효율화에 의존하는 전략만으로는 더 이상 중국 등 신흥국에 대한 경쟁력을 유지하기 어렵다.

향후 주력산업의 경쟁력을 확보하기 위해서는 과거의 성공 방식에서 벗어나 과감한 전환이 필요하다. 인공지능, 사물인터넷, 3D 프린터 등 제4차 산업혁명의 흐름에 대응할 수 있는 핵심기술 및 기술 융복합화를 추진해야 할 것이다. 또한 소프트웨어, 디자인 등 창의력이 요구되는 분야와 제조업의 강점을 결합하여 새로운 가치를 창출해야 할 것이다.

● 제조업 + 서비스의 시너지 창출

제조업에서 쌓은 지식 · 노하우와 서비스의 결합을 추진하는 것은 제조업의 세계적 트렌드다. 글로벌 선도 기업들은 제품과 서비스의 융합, 공정과 서비스의 융합 등을 통해 고부가가치를 창출하고 있다. GE는 기관차, 항공기 엔진, 발전 터빈, 가전제품 등 자사의 주요 제품과 관련된 유지 · 관리 서비스를 함께 제공하는 동시에, 구매와 관련된 서비스, 컨설팅, 금융 서비스까지 원스톱으로 제공하는 제품 통합형 서비스를 제공하고 있다. 단순한 제품 생산을 벗어나 아이디어, 디자인, R&D, 생산, 서비스로 이어지는 각 영역에서 창의적 아이디어를 발휘하고 ICT를 활용하여 새로운 가치를 창출해내고 있는 것이다.

한국은 세계 최고 수준의 ICT 기술과 우수한 제조 경쟁력을 보유하고 있다. 이러한 강점을 활용한다면 제조업과 서비스를 결합한 신산업을 전략적으로 육성할 수 있을 것이다. 또한 금융, 소프트웨어 등 서비스와 제조업의 결합으로 탄생하는 새로운 영역의 제품, 서비스, 지식을 통합 패키지로 제공하여 고부가가치를 창출할 수 있을 것이다. 다시 말해 제조업과 서비스업이 경쟁력을 갖추고 상호 시너지를 내기 위해서는 동반성장을 추구해야 한다.

● 주력산업과 미래 유망산업의 동반성장

고용 활성화와 경제성장을 함께 이루기 위해서는 현재의 주력산업과 미래 유망산업을 함께 육성해 나가야 한다. 경쟁력을 세계 최고 수준으로 키워왔으나 상대적으로 약화되고 있는 기존 주력산업은, ICT와의 결합을 통해 제품과 서비스의 질적 수준을 향상시켜 부가가치를 높여야 할 것이다. 특히 향후 세계를 주도할 수 있는 분야를 집중적으로 육성하여 세계 최고 수준의 기술력을 확보하고, 이를 바탕으로 지속적 혁신과 타 산업과의 융합 기회를 창출해야 할 것이다.

또한 미래 시장성이 큰 산업, 그리고 삶의 질에 관련된 분야 등 미래 사회 변화의 흐름을 반영한 유망산업을 육성해야 한다. 이러한 영역에서 아직은 경쟁력을 확보하지 못했더라도, 새로운 수요를 창출하고 삶의 질을 높일 수 있으므로 경제성장과 고용을 책임지는 미래의 또 다른 주력산업으로 꾸준히 키워가야 한다. 마지막으로 내수시장의 성장 가능성과 고용 창출 효과가 큰 신서비스산업의 육성이 필요하다. 이를 위해서 미래에 등장할 신서비스를 사전에 예측하고 관련 경쟁력을 확보하여 시장을 선점해 나가는 것이 중요하다.

● 산업 · 기술과 문화의 융합으로 신산업 창출

미래 유망산업을 개발하기 위해서는 기존 산업과 기술에 문화를 더해 새로운 고부가가치산업과 신기술을 개발해야 한다. 세계 각국도 산업과 기술에 문화를 결합한 신산업과 신기술의 창출에 매진하고 있다. MIT 미디어랩은 과학과 미디어아트 융합 연구를 통해 아마존 킨들의 E-잉크, MPEG-4 오디오와 같은 혁신적인 기술을 개발하고 있다.

우리도 한류라는 문화적 자산을 산업 육성과 기술개발에 적극적으로 활용해야 할 것이다. K-POP이라는 한류 콘텐츠를 가상현실기술과 결합시킨 홀로그램 공연장이 좋은 사례가 될 수 있다. 이와 같이 한류와 연계한 제품과 서비스에 문화적 스토리를 입히고 다양한 멀티미디어 콘텐츠를 결합한다면, 우리나라만의 차별화된 가치를 창출하여 글로벌 경쟁력을 확보할 수 있을 것이다.

〈그림 19〉 저성장 시대의 신성장 비전

新 성장 비전

성장과 고용이 함께 가는 혁신

창의와 기술 융복합화로 고부가가치화

제조업+서비스의 시너지 창출

전략 방향

주력산업과 미래 유망산업의 동반성장

산업·기술과 문화의 융합으로 신산업 창출

❶ 주력산업의 경쟁력 강화

❷ 새로운 효자 산업으로 신유망산업 창출

4대 실천과제

❸ 과학기술·ICT기반 신서비스 육성

❹ 성장동력 확충을 위한 창의 인프라 조성

제2절
주력산업의 경쟁력 강화

   우리나라의 ICT 기술력과 인프라는 세계 최고 수준이다. 주력산업인 전자(반도체 · 통신 · 가전), 기계(자동차 · 정밀부품), 조선 · 해양, 석유 · 화학, 철강 등의 생산기반 및 제조역량도 여전히 건재하다. 경쟁력을 지속적으로 유지하기 위해서는 주력산업의 이러한 강점을 활용하여 고부가가치화 · 첨단화를 추구하는 것이 시급하다.

   독일, 미국 등 제조 선진국들은 ICT와 제조업의 융합을 핵심으로 한 제조업 혁신을 지속적으로 추진해 오고 있다. 제조업이 고부가가치 창출과 질 좋은 고용 창출에 기여하는 바가 크기 때문이다. 제조업을 포기하고 금융 · 서비스업에만 몰두하여 제조업이 몰락한 영국의 사례가 있는 반면, 꾸준히 제조업 혁신을 추구하여 여전히 세계 최고 수준의 경쟁력을 유지하고 있는 미국과 독일의 사례도 있다. 경쟁이 치열한 제조업에서는 한번 상승세를 잃으면 다시 경쟁력을 회복하기 어렵기 때문에 지속적 혁신을 통한 경쟁력 유지가 중요하다.[16]

● ICT와의 융합을 통한 고부가가치화

주력산업 경쟁력 강화의 핵심은 향후 어떻게 고부가가치화를 이루어서 세계적 경쟁력을 확보하느냐이다. 과거에는 값싼 노동력이나 대량생산을 통해 경쟁력을 확보하였다면, 이제는 고부가가치 기술력으로 경쟁력을 확보해야 한다. 더군다나 중국 등 신흥국들이 값싼 노동력 측면에서 우리보다 우위를 점하고 있어 과거의 방식을 답습해서는 경쟁에서 승리할 수 없다.

앞으로 국내 주력산업의 미래는 고부가가치 기술을 어떻게 개발하느냐가 좌우할 것이다. 주력산업과 ICT의 융합은 고부가가치화를 위한 핵심적인 방안이며, 이러한 이유로 경쟁국들도 ICT와의 융합을 통한 경쟁력 확보에 심혈을 기울이고 있다. 자동차와 ICT가 융합된 자율주행차량, 사물인터넷과 제조분야가 융합된 스마트팩토리 등은 주력산업이 ICT와 결합하여 고부가가치화를 이룬 좋은 사례이다.

● 세계 최고 수준의 일등 기술 확보

제조 강국으로서 경쟁우위를 지키려면, 경쟁력 있는 기술을 전략적으로 집중 육성하는 것이 필요하다.

---

16 삼성경제연구소(2013), '한국주요산업 현황진단'.

세계 최고 수준으로 육성할 대상 기술을 발굴하기 위하여 기술 확보 가능성, 기술의 유망성 등에 대한 분석을 실시하였다. 우선 최고기술국 대비 80% 이상의 수준을 가진 국내 기술 중에서 경쟁력 있는 37개를 도출했다. 선정된 후보 기술에 대해 전문가 설문조사를 실시하였고, 이를 종합 분석하여 최종적으로 9개의 기술을 도출하였다.

　세계 최고 수준으로 육성할 필요가 있는 9개의 분야는 OLED, 플렉서블 디스플레이, 고용량 이차전지, 초고집적 메모리 반도체, 초광대역 유무선, 5G 이동통신, 중소형 원자로, 시스템 반도체, 고부가가치 선박 분야이다.

　선정된 서비스 대부분이 민간의 기술역량이 성숙된 분야임을 감안하여 일등 기술 확보를 위한 정부와 민간의 역할을 명확히 할 필요가 있다. 정부는 차세대 기술력 확보를 위한 기초·원천연구, 전문 인력 양성, 시험·인증 인프라 구축에 집중하고, 민간은 기존 기술의 첨단화, 취약분야 요소기술 개발 등에 주력해야 할 것이다.

● 첨단 핵심 소재·부품 확보에 투자 강화

　제조업의 부가가치 창출 영역은 완제품에서 소재·부품으로 이동하고 있다. 2013년 산업기술기획평가관리원의 분석 결과, 완제품의 부가가치 창출 비중은 38.4%인 반면, 제품을 구성하는 소재·부품에서는 61.6%가 창출된다고 한다. 이렇듯 주력산업 경쟁력의 토대가 되는 소재·부품 분야에서 경쟁력을 유지하지 못하면, 산업 전체의 경쟁력이 저하될 수 있다.

〈표 1〉 세계 최고 수준의 기술 확보가 필요한 기술 분야

기술명	정의
OLED	형광성 유기화합물에 전류가 흐르면 빛을 내는 전계발광 현상을 이용한, 스스로 빛을 내는 자체발광형 유기물질
플렉서블 디스플레이	기존의 평판 디스플레이와 달리, 의도적인 형태 변화가 가능한 디스플레이 패널 및 모듈을 제작하는 기술
고용량 이차전지	외부의 전기에너지를 화학에너지 형태로 저장해 놓았다가 필요시 전기를 만들어 낼 수 있는 기술로, 재충전이 가능
초고집적 메모리반도체	메모리 반도체 중 집적도가 뛰어난 D램 및 플래시, 동작속도가 뛰어난 S램, P램, STT-M램 등의 제작 기술
초광대역 유무선 네트워크	유선과 무선이 통합되고 전송속도와 용량을 현재 네트워크보다 1,000배 이상 높일 수 있는 기술
5G 이동통신	4세대(4G) 이동통신 대비 1,000배 빠른 전송속도, 1,000배 많은 디바이스 수용, 서비스 지연 1,000배 감소를 가능하게 하는 차세대 이동통신 기술
중소형 원자로	발전규모 700MW(소형: 300MW 이하, 중형: 300~700MW 이하) 수준의 원자로를 대형 원자로의 약 1/3 크기로 소규모화할 수 있는 기술로서, 상용 원자로에 비해 높은 안정성과 경제성을 보유
시스템 반도체	메모리, 프로세서 등 개별 반도체를 하나의 칩에 집약하고 SW를 탑재하여 전자기기의 시스템을 소형화, 저전력화, 지능화하는 기술
고부가가치 선박	선박의 고효율·친환경(LNG 연료, 온실가스 저감 등)화, 성능 향상 및 조선-IT 융복합화를 통해 기존 선박의 부가가치를 극대화하는 기술

중국은 완제품뿐만 아니라 소재·부품에서도 가격 경쟁력에 이어 기술 경쟁력까지 갖추며 우리를 맹렬히 추격하고 있다. 우리도 제조업의 경쟁력을 잃지 않기 위해 시장수요에 대응하는 첨단 소재·부품 기술개발과 미래 유망 소재·부품의 선제적 개발을 적극 지원해야 할 것이다.

● 국제 표준화를 통한 해외 시장 선점 기반 마련

국제표준 기술을 확보하면 세계시장을 선점하기 유리한 위치에 서게 된다. 아무리 우수한 기술이라도 표준이 되지 못할 경우 시장에서 도태되기 쉽다. 1970년대, VTR 표준을 둘러싼 소니와 마쓰시타의 10년에 걸친 전쟁이 좋은 예다. 소니의 베타맥스 방식이 용량이나 화면 선명도 측면에서는 기술적 우위를 보였으나, 마쓰시타가 기술공개 등을 통하여 호환성 확보 전략을 구사하면서 국제표준은 마쓰시타의 'VHS' 방식이 차지하였다. 그 결과 마쓰시타는 연 2조 원 이상의 로열티 수입을 벌어들인 반면, 소니의 베타맥스 방식은 결국 시장에서 사라지고 말았다.

이처럼 시장을 선점하는 지름길이라 할 수 있는 국제표준 확보는 수익으로도 직결되어 그 중요성이 더욱 커지고 있다. 따라서 핵심 원천기술의 개발도 중요하지만 이와 함께 개발된 기술 분야의 국제표준을 선점하기 위한 노력도 병행해야 할 것이다.

제3절
새로운 효자산업으로 신유망산업 창출

    저성장 극복을 위하여 잠재수요가 크고 장기간 높은 성장세를 유지할 수 있는 신유망산업을 발굴하는 것이 필요하다. 우리가 추구해야 할 신유망산업은 미래사회에서의 삶의 질과 연관된 잠재수요를 가지고 있거나 선진국과 경쟁할 수 있는 잠재력을 가진 시장이어야 한다.

    이러한 신유망산업을 전략적으로 발굴하기 위해서는 미래 시장의 변화도 함께 고려해야 한다. 특히, 10년 후 대한민국에서 중요하게 다뤄질 미래이슈인 저출산·초고령화 사회, 에너지 및 자원 고갈, 기후 및 자연재해, 삶의 질을 중시하는 라이프스타일 등과 밀접하게 연관된 산업에 주목해야 할 것이다. 이러한 측면에서 볼 때, 의료바이오산업, 에너지·환경산업, 안전산업, 지식서비스산업, 항공우주산업 분야가 유망할 것으로 예상된다.

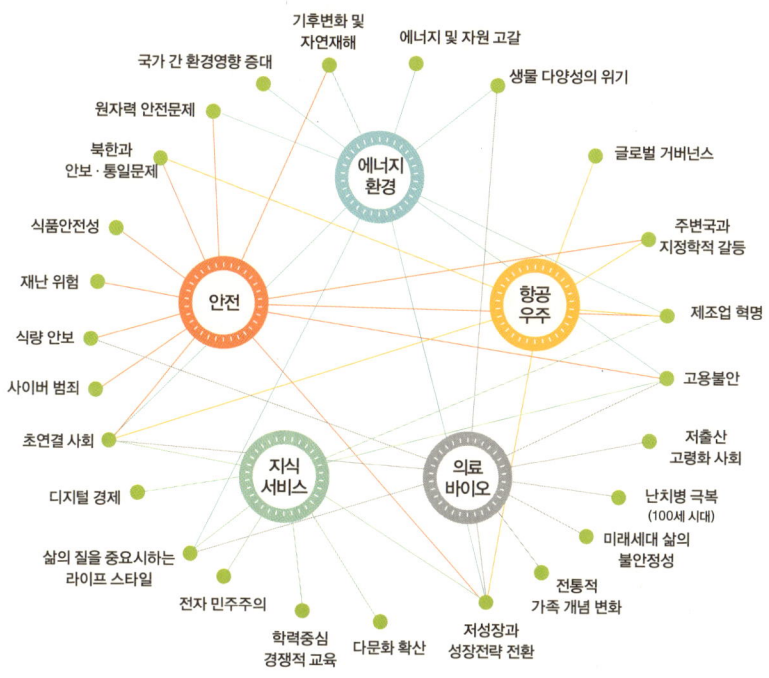

〈그림 20〉 미래 유망 신산업 분야와 10년 대한민국 미래이슈와의 연관도

의료바이오산업은 고령화 사회 진입에 따라 의료 수요가 증가하고, 삶의 질이 중시되는 등 건강에 대한 관심이 높아지고 있는 만큼 향후 시장성이 높을 것으로 판단된다. 에너지·환경산업은 에너지와 자원 고갈 이슈, 화석연료 고갈에 따른 환경문제, 신기후변화체제에 따른 온 실가스 저감 등과 연관되어 높은 시장성을 보일 것으로 전망된다. 안전 산업은 기후변화 등으로 인해 자연재해가 빈발하고, 도시화·세계화에 따라 유동인구가 증가하면서 대형 재난의 발생 가능성이 높아짐에 따

라 급속히 성장할 것으로 예상된다. 지식서비스산업 또한 ICT 플랫폼을 바탕으로 기존의 금융 서비스나 문화산업 등과 융합될 수 있는 고부가가치산업 영역이다. 마지막으로, 항공우주산업도 세계 각국의 경쟁적인 우주개발과 드론 배송, 글로벌화에 따른 항공교통 수요의 증가에 힘입어 높은 성장세를 보일 것으로 예상된다.

이러한 유망 분야들은 이미 선진국들이 높은 기술·규제 장벽을 형성하고 있어 후발주자의 추격이 쉽지 않다. 그러나 반도체, 스마트폰 등에서 글로벌 경쟁력을 확보한 우리의 노하우와 지식을 활용한다면 충분히 승산이 있다. 이 분야의 시장을 확보하지 못한다면, 현재 중국에 추격당하고 있는 전통 주력산업만으로는 저성장을 극복해 나가기 힘들 것이다. 이러한 유망산업들이 우리의 새로운 효자산업이 되기를 기대하며 산업별로 대응방향을 제시하고자 한다.

의료바이오산업(Medical-Bio)

의료바이오산업(Medical-Bio)은 고부가가치와 좋은 일자리 창출, 국민 건강증진까지 도모할 수 있는 산업이다. 최근 한미약품이 대규모 기술수출에 성공한 사례에 힘입어 의료바이오산업이 주력산업 침체의 위기를 겪고 있는 한국경제의 구원투수가 될 것이라는 기대를 받고 있다.

건강한 삶에 대한 관심이 높아지고 맞춤의료, 유전체 의학 등 의료계의 패러다임을 변화시킬 만한 첨단기술들이 등장함에 따라 전 세계 바이오 시장은 급속히 성장하고 있다. 의료장비, 병원 IT 시스템, 제약·

신약 등을 포함한 세계 바이오 시장 규모는 2014년 1조 4,000억 달러에서 2024년경 2조 6,100억 달러 규모로 성장할 것으로 예상된다. 그중 맞춤의료, 유전체 의학 등 첨단 융합기술을 바탕으로 한 바이오 시장은 2013년 560억 7,000만 달러에서 2020년 1,867억 달러로 연평균 18.7%의 급성장이 예상된다. 특히 기술혁신을 통해 시장지배력을 유지하고자 하는 노바티스(Novartis), 로슈(Roche), 화이자(Pfizer), 존슨앤존슨(Johnson&Johnson) 등 글로벌 제약사들과, 헬스케어산업에 새로 진입하는 구글, IBM, 애플 등 대형 IT 업체의 새로운 시장 창출과 주도권 경쟁이 치열해질 전망이다.

● BT-NT-ICT 융합을 바탕으로 한 첨단 의료서비스산업 육성

의료바이오산업은 유전학적 진단 및 치료기술, 세포치료 등 첨단 생명공학기술이 나노기술(NT), 정보통신기술(ICT) 등과 융합하며 새로운 의료서비스를 제공하는 방향으로 성장하고 있다. 치매, 파킨슨병 등 뇌·신경질환을 극복할 수 있는 뇌연구가 활성화되고 있으며 유전체 기반 맞춤형 치료를 실현할 수 있는 유전자 가위, 줄기세포 치료 등의 기술도 등장하고 있다.

이 같은 첨단 생명공학기술은 나노기술(NT), 정보통신기술(ICT) 등과의 융합을 통해 바이오 의약품, 의료기기 개발로 연계되어 실제 의료서비스로 구현된다. 희귀·난치성 질환에 대한 세포치료제, 줄기세포 기반 치료제, 유전자 맞춤형 신약 등이 개발되고, 질병을 사전에 예측하여 예방할 수 있는 질병 예측·진단 기기가 발전하고 있다. 특히 ICT와 헬스케어가 융합된 디지털 헬스케어의 등장은 세계적인 고령화와 삶의 질에 대한 관심 증가 추세에 힘입어 건강관리 관련 서비스 시장의 확대로 이어지고 있다.

● 한국 의료기술의 글로벌 시장 진출 확대

우리나라는 세계적 수준의 보건산업 인프라와 ICT 기술융합 능력을 바탕으로 의료바이오산업에서 높은 잠재력을 보유하고 있지만, 글로벌 시장 진출은 아직 걸음마 단계이다. 한국의 높은 의료수준에 걸맞은 브랜드이미지를 구축하여 해외진출을 확대해야 할 것이다. 특히 원격의료, 융복합 진단·치료기기 등 ICT 기반의 디지털 헬스케어는 의료바이오 강국 진입을 앞당길 수 있는 유망 수출품목이므로 철저한 시장조사를 바탕으로 지역별 맞춤형 전략을 수립하여 성공사례를 도출하는 것이 필요하다.

● 산-학-연-병원 간 협력 활성화를 통한 연구성과 사업화 촉진

바이오 의약품, 줄기세포 치료제, 희귀난치성 질환의 맞춤형 치료를 위한 유전체 의학, 그리고 이와 관련된 R&D 투자가 제품 개발까지 연계될 수 있도록 산-학-연-병원 간의 협력체계를 구축하는 것이 중요하다. 의료바이오 분야는 아직까지 민간 R&D 투자가 활발하지 않다. 실제로 2014년 국내 의료기기 공시기업 전체 R&D 투자규모는 글로벌 기업 존슨앤존슨의 6.8% 수준에 불과한 실정이다. 정부 R&D 투자가

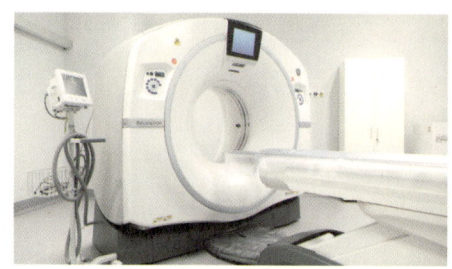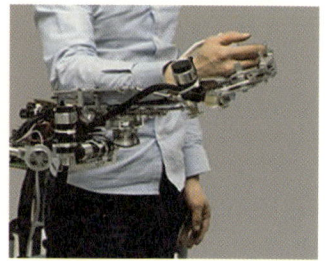

민간 R&D 투자를 촉진할 수 있도록 시장수요 기반의 고위험 투자를 선행하고, 'R&D-임상-인력-수출'의 패키지 지원을 강화해야 한다. 또한 대학, 연구소, 연구병원 등이 보유하고 있는 연구성과의 사업화 촉진을 위해 바이오벤처를 활성화하는 노력도 병행해야 할 것이다.

에너지 · 환경산업(Energy-Environment)

에너지 · 환경산업(Energy-Environment)은 화석에너지 고갈과 환경문제를 해결할 수 있는 산업이다. 에너지산업은 국가 에너지 수요 대응, 원자력 안전 확보 등 공공기술로서 갖는 중요성뿐만 아니라 신재생에너지, 에너지 저장 시스템 등 신산업 육성 측면에서도 중요한 분야이다. 세계 에너지산업 시장 규모도 2014년 2조 1,700억 달러에서 2018년에는 2조 6,600억 달러 규모로 성장할 것으로 전망된다. 환경산업 역시 파리 기후변화협약으로 신기후변화체제가 출범함에 따라 그 중요성이 더욱 부각되고 있다. 국제환경산업협회는 세계 환경관련 산업 시장 규모는 2010년 7,967억 달러에서 2020년 1조 865억 달러까지 성장할 것으로 예측하고 있으며, 우리나라에도 2030년까지 100조 원 규모의 시장이 형성될 것으로 전망된다. 이러한 환경에너지 분야 중 시장성이 높은 유망분야로는 에너지 저장 시스템(ESS, Energy Storage System), 신재생에너지, 전기자동차 충전산업 등을 들 수 있다.

● 공공부문의 선제적인 에너지 저장 시스템 구축

발전소가 정지해 순간적으로 전기의 수요와 공급이 일치하지 않는다면, 전력망이 순식간에 붕괴되고 대단위의 정전이 발생하여 사회는 큰 혼란에 빠질 것이다. 에너지 저장 시스템은 전기 수요가 적을 때는 생산된 전력을 저장해 놓았다가 전기 수요가 높을 때 저장해 둔 전기를 공급하여 에너지 효율을 높이는 시스템이다. 전기의 수요와 공급의 불일치로 발생하는 문제를 해결하는 기술인 것이다. 클린에너지 시장조사 전문기업 내비건트 리서치(Navigant Research, 구 Pike Research)의 조사 결과, 에너지 저장 시스템 시장은 2012년 약 142억 달러 규모였으며 2030년에는 1,300억 달러까지 급격하게 성장할 것으로 예측되는 유망분야다. 따라서 관련 산업의 육성을 위해서는 정부가 적극적으로 초기시장을 형성할 필요가 있다. 정부부처 및 공기업 건물 등 공공부문부터 에너지 저장 시스템을 우선 구축하여 초기시장을 지원하는 방안을 적극 검토해야 한다.

또한, 에너지 저장 시스템을 설치하는 민간수요자에게 인센티브를 제공하는 정책을 병행 추진하는 것도 바람직하다. 독일의 경우 태양광 발전과 연계한 에너지 저장 시스템 설치비용의 30%를 지원하고 있다. 또한 성능평가와 안전검사를 위한 시험인증센터를 지속적으로 확충함으로써 관련 기업의 품질개선 및 글로벌 진출도 적극 지원해야 할 것이다.

● 신재생에너지 R&D 투자 확대

신기후변화체제를 계기로 세계의 에너지 소비 형태는 석탄, 가스 등 화석에너지 중심에서 신재생에너지와 화석에너지를 병행 소비하는 형태로 전환될 것이다. 특히 신기후변화체제에 따라 2020년까지 온실가스 배출을 대폭 감소시켜야 하므로, 온실가스 생성의 주된 요인인 석탄 화력발전이 점차적으로 신재생에너지로 대체될 것이다.

2012년 기준 전체 발전용량 중 화석에너지는 65%, 신재생에너지는 7%를 차지하였으나, 2040년에는 화석에너지 36%, 신재생에너지 40%가 되어 신재생에너지 발전의 비중이 화석에너지 발전을 넘어설 전망이다. 세계적으로 태양광발전설비 누적 설치량도 2012년 104GW에서 2040년에는 3,700GW로 증가하고, 2012년 기준 282GW에 불과했던 풍력발전설비 설치량은 2040년 2,033GW까지 늘어날 것으로 예측된다.

태양광, 풍력 등 신재생에너지는 온실가스를 배출하지 않는 청정에너지이지만, 해결해야 할 숙제는 있다. 태양이 구름에 가려지거나 바람이 불지 않는 경우 필요한 전기를 적기에 생산하지 못할 수 있으며, 전기가 많이 필요 없는 시간에도 발전기가 가동해 전력망에 많은 전기를 한꺼번에 공급하는 비효율이 발생할 수 있다. 신재생에너지가 이러한 문제를 해결하고 필요시 언제나 공급이 가능한 효율적인 에너지원이 되기 위해서는 에너지 저장 시스템 기술과의 결합이 필수적이다. 따라서 신재생에너지 분야에서 경쟁력을 확보하기 위해서는 에너지 저장 시스템과 결합된 신재생에너지 R&D에 집중 투자해야 한다. 이러한 신재생에너지 R&D의 투자 확대는 세계적 흐름으로, 파리 기후변화총회 당시 구성된 미션이노베이션[17] 협의체에서 우리나라를 포함한 참여국들은 청정에너지 R&D 투자를 2020년까지 2배로 확대할 계획을 발표하였다.

● 전기자동차 충전 인프라에 대한 선제적 투자 및 표준화

전기자동차도 효과적 온실가스 감축과 지속가능한 환경 창출에 기여하는 친환경 기술이다. 선진국들은 순수 전기자동차(EV, Electric Vehicle) 및 플러그인 하이브리드 자동차(PHEV, Plug-in Hybrid Electric Vehicle) 보급 정책을 강력히 추진하고 있다.

2013년 내비건트 리서치에 따르면, 전 세계 전기자동차는 200만 대를 넘어섰고, 2020년에는 650만 대 이상이 판매될 것으로 예상된다. 미국의 테슬라 사는 폭발적인 가속력, 단축된 충전시간, 향상된 최대주행거리 등 뛰어난 성능을 지닌 제품으로 전기자동차 시장에 돌풍을 일으키고 있으며, 전기자동차 시장의 빠른 확대를 위해 전기자동차 관련 자사 특허를 시장에 무상으로 개방하고 있다.

전기자동차산업의 성장에 맞추어 전기자동차 충전장치 시장과 충

---

17 청정에너지 분야 R&D 투자를 확대하는 등 청정에너지 혁신 노력을 강화하기 위해 2015년 11월 30일 구성된 협의체. 미국, 프랑스, 대한민국 등 20개국이 참여하고 있다.

전서비스 시장도 함께 성장할 것으로 예상된다. 야노 경제연구소(Yano Research Institute)는 2013년 7월 보고서를 통해 전기자동차용 충전기 시장이 2020년에는 2013년의 4배 이상 확대될 것으로 전망하였다.

　전기자동차 충전산업의 육성을 위해 정부는 충전 방식의 표준화를 추진하고 안정성과 성능을 검증할 수 있는 체계를 갖출 필요가 있다. 전기자동차 충전은 아직까지 유선충전이 일반적이나 무선충전기술이 발달하면서 무선인프라 시장이 주목받고 있다. 이에, 시장을 선도할 핵심기술을 확보하기 위해서는 전기자동차 무선충전 관련 R&D에도 선제적으로 투자할 필요가 있다.

안전산업(Safety)

　안전산업은 안전에 대한 요구가 증가하면서 고부가가치산업으로 떠오르고 있다. 최근 기후변화, 도시화, 세계화 등으로 대형 재난의 발생 가능성이 높아지면서 전 세계 안전 시장은 급속히 성장하고 있다. 전 세계 안전 시장은 2013년 327조 원에서 연평균 5.45% 성장하여 2022년에는 612조 원에 이를 것으로 전망된다.

　안전산업은 우리가 도전할 만한 미래 유망분야이며, 성공 가능성도 높다. 새롭게 등장하는 안전 신제품과 서비스는 우리가 강점을 가지고 있는 첨단 ICT에 기반을 두고 있기 때문이다. 첨단 ICT 기술들이 결합된 안전 제품과 서비스가 전체 안전 시장의 65.3%를 차지하고 있으며, 그 비중은 매년 증가할 것으로 전망된다. 우리가 강점을 가진 제조업과 ICT의 경쟁력에 창의적인 아이디어를 결합하여 첨단 안전 제품과 서비스를 창출한다면, 안전산업은 우리의 미래 먹거리 산업이 될 수 있을 것이다.

● 사물인터넷(IoT), 빅데이터 등 첨단 ICT 기술과 융합된 첨단 안전산업 등장

　안전산업은 사물인터넷, 빅데이터, 양자컴퓨팅 등 첨단 ICT 기술과의 융합을 통해 고부가가치화하는 방향으로 진화하고 있다. 재난 감지, 재난 예측, 재난 구조 등 모든 영역에서 첨단 과학기술이 활용되고 있다. 안전진단 센서와 지능형 CCTV를 주요 건물과 시설물에 설치하여 재난 발생을 실시간으로 감지하고, 재난정보 통합·분석 소프트웨어와 재난 예측 모델 및 시스템의 고도화를 통해 재난의 신속한 예측이 가능해질 전망이다. 재난구조 활동에도 재난용 무인기, 재난구조로봇, 웨어러블 소방기기 등 첨단 구난장비들이 활용될 것이다.

● 안전기술을 접목하여 기존 산업의 경쟁력 강화

소비자들이 안전한 제품을 구매하려는 경향이 높아지면서 자동차, 항공기, 선박 등 기존의 제품에 안전기술을 접목하여 부가가치를 높이는 사례도 많아지고 있다. 자동차에 고성능 센서를 활용한 안전주행장치를 부착하거나, 항공기의 엔진에 실시간 안전 모니터링 시스템을 결합하여 상품화하고, 건물이나 선박에 사고 발생 시 개인의 위치인식이 가능한 비콘(Beacon, 근거리 통신 기술)을 적용하는 것이 대표적 사례이다. 자동차, 조선 등 우리 주력산업도 안전기술과의 접목을 통해 경쟁력을 높여나가야 한다.

● 핵심 원천기술 확보와 민간협력 지원 강화

첨단 안전 시장을 선점하기 위해서 정부는 안전 분야 R&D 지원을 확대하고, 이종산업 간 융합을 통해 신제품을 생산할 수 있는 역량을 키우도록 해야 한다. 정부 R&D는 사물인터넷, 빅데이터, 인공지능 등 미래 안전산업에 핵심이 될 원천기술개발에 집중 투자하고 개발된 기술의 현장 적용률을 높여나가야 한다. 또한 민간 기업의 성장을 촉진하기 위해 정부 및 공공기관의 투자를 확대하여 안전산업의 시장수요를 창출하고, 민간기업의 투자 확대도 유도하여야 한다. 그리고 첨단 안전제품에 대한 안전검사 체계를 선진화하고 안전제품에 대한 보험 제도를 마련하는 등 안전제품의 해외시장 진출 기반을 강화해야 한다.

● 대기업-중소기업의 협업을 통한 글로벌 시장 진출

국내 안전 시장 규모는 세계 안전 시장의 3%에도 미치지 못한다. 그러므로 우리의 안전산업은 글로벌 시장을 목표로 해야 한다. 특히, 시장이 빠르게 성장하고 있는 중국과 중동을 눈여겨보아야 한다. 중국의 안전 시장은 2013년 57조 원에서 2022년에는 140조 원으로 성장할 것으로 전망된다.

우리 안전산업이 글로벌 시장에 진출하기 위해서는 먼저 글로벌 경쟁력을 가진 안전 전문 강소기업을 육성하여야 한다. 또한 자동차, 조선, 건설 등 국내 강점 분야에 안전기술을 접목하여 해외에 동반 진출할 수 있도록 해야 한다. 안전제품과 서비스는 단일 제품으로도 판매되지만 기존 제품과 결합하여 판매되기도 하기 때문이다. 이러한 동반 해외 진출이 가능하도록 대기업(시스템)과 중소기업(부품)의 해외시장 진출 파트너십 구축을 위한 지원방안을 강구해 나가야 한다.

지식서비스산업(Intellectual Service)

지식서비스 분야는 금융 서비스, 문화콘텐츠 등 IT 플랫폼을 바탕으로 하는 융합서비스 영역을 포괄한다. 즉, 지식서비스는 소프트웨어 기술 발전에 따라 고급화된 서비스산업이라고 볼 수 있다. 이러한 지식서비스산업은 인공지능, IoT, 데이터, 모바일기술 등과 결합하여 사용자가 좀 더 편하게 이용할 수 있는 서비스를 제공하는 방향으로 진화할 것이다.

● 제조업 서비스화의 핵심인 소프트웨어산업 육성

소프트웨어산업은 타 산업과 융·복합되는 경우가 많아 기간산업의 성격을 가진다. 자동차, 선박 등의 제조장비가 첨단화하면서 소프트웨어와 결합되는 경우가 많아지고 있다. 교통, 금융, 의료 등 대부분의 산업에도 관련 소프트웨어가 활용되고 있다.[18] 산업계[19]에 따르면, 국내 임베디드 소프트웨어 시장은 2014년 22조 원에서 2017년 27조 원으로 성장할 것으로 예상된다. 그러나 국내 소프트웨어 업계는 영세한 수준에 머무르고 있다. 프라이스워터하우스쿠퍼스가 조사한 소프트웨어 100대 기업에 한국 업체는 하나도 없을 정도다. 또한, 미래자동차로 각광받는 자율주행자동차의 핵심이 소프트웨어인데도 국내 자동차 업계 소프트웨어 국산화율은 5%에 불과한 실정이다. 이렇듯 소프트웨어 경쟁력 확보 없이는 주력산업의 미래도 불확실하므로, 인재양성 및 강소기업 육성을 위하여 적극적인 투자가 이루어져야 할 것이다.

● 금융산업의 신성장동력인 핀테크 육성

핀테크(Fin-Tech)는 모바일, 소셜네트워크, 빅데이터 등 첨단 IT기술이 금융과 결합된 새로운 형태의 금융 서비스이다. 2013년 1조 1,000억 원 수준에 불과하던 간편결제산업은 2015년 5조 7,000억 원으로 5배 이상 성장하였다. 향후 핀테크는 인공지능을 기반으로 자산관리, 대출, 송금 등 기존의 금융 서비스 영역으로 확대될 것이다. 핀테크를 신성장동력으로 육성하기 위해서는 투자 지원 및 인프라 확충이 무엇보다 중요하다. 금융업 투자에 제약이 없는 소프트웨어 특화펀드를 적극 활용하여 혁신 소프트웨어 기술을 가진 핀테크 기업에 투자가 되도록 지원해야 한다. 또한, 혁신적인 핀테크 기업을 전략적으로 육성하기 위

---

18 류성일, '한국 소프트웨어산업의 현황 및 제언(2014)'.
19 임베디드소프트웨어 시스템산업협회(KESSIA)

해 사용자 참여형 테스트베드를 구축하여 핀테크 서비스 개발 활성화를 유도하고, 핀테크 서비스 개발에 필요한 표준화된 개발도구(API)를 제공하는 등 인프라 구축에도 힘써야 한다.

● 창의적 상상력을 기반으로 한 문화콘텐츠산업 육성

문화콘텐츠산업은 문화상품의 기획·개발·제작·유통·소비 등을 포괄하는 산업으로, ICT와 결합한 창의적 상상력이 원동력이 되는 산업이다. 과학기술과 문화콘텐츠가 결합된 좋은 사례로는 K-POP과 과학기술이 융합된 K-POP 스타 홀로그램 공연장이 있다. 문화콘텐츠산업은 시공간적 제약을 넘어서 콘텐츠를 확장시킴으로써 새로운 소비자와 시장을 창출할 수 있어 시장성이 크다. 이러한 산업을 육성하기 위해서는 우수한 문화콘텐츠의 수급을 유지할 수 있도록 인력 양성, 인프라 구축, 기술 투자 등이 전략적으로 이루어져야 한다.

● 과학기술과 교육이 만나 새로운 시장 기회 창출

교육산업과 ICT의 만남은 멀티미디어 기술, 증강현실 기술을 활용한 교육공간의 확장 등 교육시스템 전반의 변화를 이끌어 낼 것이다.[20] 글로벌 이러닝 시장의 규모는 2015년 466억 달러에서 2018년 751억 달러로, 4년간 연평균 17%씩 성장할 것으로 전망된다. 향후, ICT를 기반으로 한 새로운 교육시장을 선도하려면 증강현실 및 사물인터넷 등과

---

20 IoT가 바꾸는 미래학교, '디지에코 보고서(2014)'.

결합한 교육 디바이스 개발이 필요하다. 그리고 ICT를 활용한 교수법의 개발도 함께 이루어져야 할 것이다.

출처: 삼성전자 홈페이지(좌) / 한국콘텐츠진흥원(우)

항공우주산업(Aerospace)

항공우주산업은 첨단기술이 집약되어 부가가치 및 생산유발효과가 높으며, 시장의 규모와 성장률 또한 상당하다. 항공 분야 세계시장은 2014년 5,826억 달러에서 2023년 8,410억 달러로 성장할 것으로 전망되며, 우주 분야 세계시장은 2012년 3,043억 달러에서 연평균 14% 이상의 성장률을 보이고 있다. 항공우주산업의 판도가 변화하는 현 시점에서, 우리나라가 보유한 강점을 활용하여 항공우주산업을 신성장동력으로 육성해야 한다.

● 항공우주산업의 시장판도 변화와 우리 산업에 주어진 기회

항공우주산업에서는 고가의 제품이 소량으로 생산되는데, 선진국의 소수 업체가 시장과 기술을 독점함으로써 진입장벽을 형성하여 우리나라는 시장 확대에 어려움을 겪어 왔다. 그런데 최근 항공우주산업의 시장판도가 변화하고 있다. 대표적인 예가 바로 무인기 시장이다. 기술 발전과 민간수요 급증으로 무인기 신시장이 태동 중인데, 미국 방위산업 컨설팅업체 틸(Teal) 그룹은 2020년쯤엔 무인기 시장이 114억 달러 수준으로 성장할 것으로 전망하였다. 우주 분야에서는 초대형 기업의 시장 지배가 계속되고 있지만 한편으로 발사 서비스 등 다양한 분야가 파생되고 기술력을 바탕으로 한 벤처기업도 활성화되고 있다. 또한 상업용 위성정보의 수요가 증가하면서 위성제작 시장이 대형위성과 소형위성으로 양분되고 있다.

우리나라는 방위산업 시장에서의 정부지출을 바탕으로 한 협상력과 주력산업 및 ICT 분야의 경쟁력을 활용하여 항공우주산업을 새로운 성장동력으로 육성할 수 있다. 무인기와 위성은 우리의 강점과 기술력을 활용할 수 있는 대표적인 분야이다.

● 우리나라가 우위를 확보할 수 있는 시장 창출

항공우주산업에서 진입 가능한 분야를 발굴하여 확보하고 영역을 넓혀 가는 전략이 필요하다. 이러한 분야로는 소형항공기, 무인기, 위성 활용, 소형위성을 꼽을 수 있다. 탑승인원 100명 이내의 소형항공기 산업은 우리나라가 충분히 경쟁력을 가지고 발전시킬 수 있는 분야다.

무인기 분야에서는 민수용 무인기 도입의 법적·제도적 기반을 마련하고 통신, 엔진 및 동력, 충돌회피기능 등 핵심원천기술을 개발하여 우위를 확보해야 한다. 또한 공공수요로 초기시장을 형성한 후 규격별·용도별로 차별화된 산업화 전략을 추진해야 한다. 위성활용 분야는 위성정보의 다양한 활용방안과 실용화 기술을 개발하고, 아이디어만 갖고도 누구나 자유롭게 사업에 활용할 수 있는 플랫폼을 마련해야 한다. 소형위성 분야는 공공수요에 대응할 수 있는 다양한 위성을 개발하고 세계시장에 진출하는 것이 필요하다. 위성 관련 통신, 레이더·영상카메라, 영상획득 기술과 함께 수출용 표준모델을 개발하고 국가적인 해외 진출 지원 프로그램을 적극적으로 마련해야 한다.

● 국가적 중장기 R&D에 민간 기업의 역할을 확대

항공우주산업 R&D를 위해서는 국가의 컨트롤타워 기능 강화와 기업의 역할 확대가 조화를 이루어야 한다. 정부는 대형 R&D 프로그램을 통해 축적한 기술과 역할을 적극적으로 기업에 이전하고, 출연연·대학은 핵심원천기술 연구와 인력양성에 중점을 두는 것이 바람직하다. 또한 정부는 중장기적인 연구개발 및 구매 계획을 수립함으로써 기업의 안정적인 참여를 유도해야 한다. 그리고 국내 방위산업 진입장벽을 완화하여 항공우주 분야 기술혁신형 기업 창업을 활성화할 필요가 있다. 이와 함께 도전적인 연구기획 및 기술개발을 실시하여 고난도 부품 및 미래 비행체 분야에서 경쟁력을 확보해야 한다.

• 항공우주 융복합 R&D를 통한 다양한 가치의 창출

항공우주 분야의 융·복합 R&D를 확대하여 다양한 분야의 기술력 제고에 기여할 수 있다. 항공우주 분야 R&D는 지금까지 정부 주도로 추진되어 왔고, 선진국에 비해 군수 부문의 비중이 높다.[21] 민·군 기술 협력을 강화하여 기술이전 및 정보교류를 활성화할 필요가 있다. 항공우주산업 기술개발에 국방 기술을 도입함으로써 기술적 문제를 해결하고 경쟁력을 확충할 수 있다. 그리고 우주 분야의 첨단기술을 의료, 생활용품, 제조업 등 다양한 영역에 이전함으로써 가치를 확산시키고 각 산업의 경쟁력을 강화할 수 있다.

나로호 발사 장면(좌) / 스마트무인기(TR-100)(우)
출처: 한국항공우주연구원

---

21 2014년 우리나라 항공산업 매출액 중 군수 부문의 비중은 56%였고, 미국 43%, 영국 39%, 프랑스 23%, 캐나다 20% 등으로 나타났다. (항공산업발전기본계획(2016~2020), 2016.1.)

제4절
과학기술 · ICT 기반 신서비스 육성

과학기술과 정보통신기술이 발달하고 과학기술과 문화의 융합이 확산됨에 따라 교육, 금융, 의료, 문화 등의 분야에서 다양한 서비스가 창출되고 있다. 새로운 서비스의 출현은 관련 산업의 발전으로 이어진다. 저성장 시대에 살아남기 위해서는 이러한 신서비스를 선점하여 글로벌 경쟁력을 확보하고, 글로벌 서비스산업으로 발전시키는 것이 필요하다. 이에 따라 미래준비위원회는 전문가 932명을 대상으로 국민들의 수요가 높고 미래의 전망이 밝은 신서비스를 조사하고, 27개의 후보 서비스 중 산업적 파급효과와 기술적 실현가능성을 고려하여 10개의 미래 유망 신서비스를 도출하였다. 이러한 서비스산업이 국제경쟁력을 갖도록 발전시키면 서비스 수출국가로 발돋움하는 바탕을 마련할 수 있을 것이다.

1. 과학기술 · ICT 기반 미래 유망 신서비스

과학기술과 ICT에 기반한 미래 유망 신서비스를 선정하기 위해 후보
군을 도출하였다. 먼저 서비스 분야를 ①교육, ②금융, ③보건 · 의료,
④도시 · 주거, ⑤개인 · 가사, ⑥식품, ⑦여가 · 문화 · 레저, ⑧교통 · 물
류, ⑨통신 · 방송 · 언론, ⑩재난 · 안전, ⑪환경 · 에너지 · 자원, ⑫직업환
경으로 나누었다. 그리고 분야별 전문가들의 논의를 거쳐 후보 서비스
27개를 도출하였다. 도출된 후보 서비스는 102페이지 〈표2〉와 같다.

도출된 후보서비스 27개에 대해서 전문가 932명을 대상으로 서비스
의 유망성, 파급효과, 그리고 기술적 · 산업적 실현 시기 등에 대한 설문
조사를 실시하였다. 그리고 그 결과를 바탕으로 산업적 파급효과와 서
비스 실현가능성에 중점을 두어 후보 서비스 중 10개의 신서비스를 도
출하였다.

또한 각 신서비스별로 서비스 실현에 필요한 핵심기술을 분석하였다.
미래준비위원회 위원과 기술예측 전문가 대상 설문조사, 네트워크 분
석 등을 통해 각 핵심기술이 10개 신서비스와 관련된 정도를 분석하였
다. 뒤에서 제시될 신서비스와 핵심기술을 나타낸 그림에서 도형의 크
기 및 선의 굵기는 신서비스와 핵심기술 간 관련도를 나타낸다.

10년 후의 관점에서 가장 유망할 것으로 전망되는 신서비스는 '개인
맞춤형 헬스케어 서비스', '현금 없는 금융 서비스', '무인 네트워크 운송
서비스' 순으로 나타났다. 이외에도 '사물인터넷(IoT) 재난대응 서비스',
'건강수명 증진 서비스', '전력충전 서비스', '그린에너지 플랫폼 서비스',
'웨어러블 에너지공급 서비스', '소셜 러닝 서비스' 등이 포함되었다.

〈표 2〉과학기술·ICT 기반 27개 신서비스 후보

분야		신서비스	내용
공공 서비스 (6개)	교육	소셜 러닝 서비스	온라인 소셜 네트워크를 통해 개인이 필요로 하는 지식·정보를 습득하도록 지원하는 서비스
		가상 입체교육	게임화(gamification), 가상현실 등을 도입하여 쉽 고 즐겁게 지식·정보를 습득하는 교육 시스템
	금융	현금 없는 금융 서비스	모바일 결제 시스템과 가상화폐 도입으로 결제수단 을 디지털화하고 다양화하는 새로운 개념의 금융 서 비스
		크라우드 금융	대출·펀딩 등의 금융 분야에 IoT, P2P 기술 등을 적용하여 다수의 개인으로부터 자본 조달
	보건 · 의료	개인 맞춤형 헬스케어 서비스	생체정보수집 스마트웨어 및 가상신체 기술을 활용 한 개인맞춤형 질병진단·질병예방 서비스
		건강수명 증진 서비스	생명공학·정보통신 기술 등을 활용하여 건강수명 증진을 지원하는 서비스
생활 환경 (9개)	도시 · 주거	도시재생	구도심 낙후지역 환경을 개선하기 위한 슬럼구역 재 정비, 저소득 지역과 중심 상업지역 간 연결성 강 화, 도시내부 문화적 격차 해소 등
		가변형 창조공간	스마트 시스템을 이용하여 공간을 관리하고 용도에 따라 변형 가능하도록 운영
	개인 · 가사	커넥티드 키친	사물인터넷(IoT)과 결합하여 가사노동의 편의성을 증진하는 신개념 주방
		개인 어시스턴스 서비스	인공지능과 웨어러블 기기를 활용하여 노인·장애 인·유아동 등 사회적 약자의 활동을 지원
	식품	도심청정농장	도심에 수직농장 및 수경 시스템 등을 설치하여 신 선도 높은 상품을 공급하고 기후 조건의 영향 없이 생산성을 개선
		안심식품 제공 서비스	식품의 안전을 즉석에서 용이하게 확인할 수 있는 방법을 제공
		푸드오믹스	개인의 유전적 특성 및 영양소 요구량을 분석하고 맞춤형으로 식이

분야		신서비스	내용
생활 환경 (9개)	여가 · 문화 · 레저	키덜트 테크 토이	첨단기술을 활용한 아동 외 일반 사용자 대상의 놀이기구와 이를 활용한 여가·레저
		가상현실 테마파크	가상 캐릭터와 교감하고 유희할 수 있는 사이버 놀이 공간
사회 인프라 (12개)	교통 · 물류	무인 네트워크 운송 서비스	자율주행자동차를 기반으로 도시 내 운송수단을 총괄 통제하여 운송 네트워크를 최적의 상태로 운영하는 지능형 교통통제 서비스
		개인용 친환경 이동 서비스	개인 이동장치, 자전거, 주문형 이동장치 등 친환경 이동수단이 첨단관리체계와 결합하여 개인의 편리한 이동을 지원
	통신 · 방송 · 언론	극사실 통신 및 방송 서비스	통신 · 방송 분야에서 3D 영상 · 가상현실 · 홀로그램 등 기술을 구현하여 사실감을 극대화한 콘텐츠 제공
		1인 미디어 프로슈밍	미디어의 전문가와 아마추어 간 영역 구분이 모호해지면서 다양하게 활성화되는 소규모 개인 위주의 미디어 콘텐츠 생산 및 유통
		미디어 큐레이팅	미디어 홍수 시대에 넘쳐나는 정보들 속에서, 개인이 필요로 하는 콘텐츠를 맞춤형으로 제공
	재난 · 안전	사물인터넷(IoT) 재난대응 서비스	사물인터넷 기술 등을 활용하여 사고 자체를 예방하고, 사고 발생 시 신속히 구조함으로써 피해를 최소화하는 서비스
		V2V 무사고 교통 솔루션	차량과 차량 사이의 센서통신(V2V)과 IoT 기반의 관제시스템이 결합하여 차량 안전사고를 획기적으로 감소
	환경 · 에너지 · 자원	웨어러블 에너지 공급 서비스	웨어러블 기기 등 수많은 전자장치에 에너지 하베스팅과 소형 · 고효율 방식으로 전원을 공급하는 서비스
		전력충전 서비스	공공장소에서 상시 유무선 충전이 가능하도록 하여, 전기자동차 또는 개인용 기기의 작동에 필요한 전원공급 인프라를 제공하는 서비스
		그린에너지 플랫폼 서비스	다양한 방식으로 친환경 에너지를 생산하고 생산된 에너지를 손쉽게 매매할 수 있는 플랫폼을 제공하는 서비스
	직업환경	인공지능 만능 전문가 서비스	빅데이터, 인공지능 등의 기술을 이용하여 다양한 분야에서 인간의 의사결정과 일손을 대신하는 전문가 서비스
		퍼스널 매뉴팩처링	3D 프린터와 신소재를 기반으로 한 자가제조 및 자가생산

분야별로는 건강한 삶과 관련된 '개인 맞춤형 헬스케어 서비스', '건강 수명 증진 서비스'가 10대 신서비스에 포함되었다. 이는 건강한 삶에 대한 국민들의 관심이 증가함에 따라 개인 맞춤형 헬스케어와 건강수명 증진 서비스의 수요가 늘어날 것으로 기대되고 있기 때문이다. 또한 생활의 편리성과 관련된 '현금 없는 금융 서비스', '무인 네트워크 운송 서비스', '인공지능 만능 전문가 서비스' 등도 10대 신서비스에 포함되었다. 인공지능, 사물인터넷 등 미래기술이 우리 생활에 적용되어 나타날 서비스들이다. '전력충전 서비스', '그린에너지 플랫폼 서비스', '웨어러블 에너지 공급 서비스' 등 에너지·환경과 관련된 서비스도 미래에 유망할 것으로 나타났다. 점점 더 삶의 질이 중요시되는 사회 변화 추세에 따라 건강, 문화·편리, 환경 등 삶의 질과 깊이 연관된 분야의 수요가 증가할 것이라는 기대가 반영된 결과로 보인다.[22]

---

22 《10년 후 대한민국, 이제는 삶의 질이다: 미래전략 보고서》에서 과학기술이 삶의 질 향상에 중요한 역할을 할 것으로 보이는 분야로 건강, 문화·편리, 환경의 3개 분야를 제시했고 분야별 주요 추진과제를 도출하였다.

〈그림 21〉 과학기술·ICT 기반 미래 유망 10대 신서비스

1. 개인 맞춤형 헬스케어 서비스
생체정보수집 스마트웨어 및 가상신체 기술을 활용한 개인 맞춤형 질병진단·질병예방 서비스

2. 현금 없는 금융 서비스
모바일 결제시스템과 가상화폐의 도입으로 결제수단을 디지털화하고 다양화하는 새로운 개념의 금융 서비스

3. 무인 네트워크 운송 서비스
자율주행자동차를 기반으로 도시 내 운송수단을 총괄적으로 통제하여 운송 네트워크를 최적의 상태로 운영하는 지능형 교통통제 서비스

4.사물인터넷(IoT) 재난대응 서비스
사물인터넷 기술 등을 활용하여 사고 자체를 예방하고, 사고 발생 시 신속히 구조함으로써 피해를 최소화하는 서비스

5. 건강수명 증진 서비스
생명공학·정보통신 기술 등을 이용하여 노후수명이 건강수명이 될 수 있도록 지원하는 건강관리 서비스

6. 전력 충전 서비스
공공장소에서 상시적으로 유무선 충전이 가능하도록 하여, 전기자동차 등에 필요한 전원공급 인프라를 제공하는 서비스

7. 그린 에너지 플랫폼 서비스
다양한 방식으로 친환경 에너지를 생산하고 생산된 에너지를 손쉽게 매매할 수 있는 플랫폼을 제공하는 서비스

8. 인공지능 만능 전문가 서비스
빅데이터, 기계학습과 인공지능(지능정보기술) 등의 기술을 이용하여 다양한 분야에서 인간의 의사결정과 일손을 대신하는 전문가 서비스

9. 웨어러블 에너지 공급 서비스
웨어러블 기기 등 수많은 전자장치에 소형·고효율 방식으로 전원을 공급하는 서비스

10. 소셜 러닝(Social Learning) 서비스
온라인 소셜 네트워크를 통해 개인이 필요로 하는 지식·정보를 습득하도록 지원하는 서비스

개인 맞춤형 헬스케어 서비스

생체정보 수집 스마트웨어 및 가상신체 기술을 활용한
개인 맞춤형 질병 진단 · 예방 서비스

기술 실현 2020   산업 실현 2022

● 출현 배경

사람의 수명이 늘어나고 웰빙 등 삶의 질을 추구하는 라이프스타일
이 확산됨에 따라 건강관리와 질병예방에 대한 관심이 증가하고 있다.
이에 따라 개인별로 특화된 건강관리에 대한 수요가 늘어나면서 개인
맞춤형 헬스케어 서비스가 활성화될 것이다. 최근 유전체 분석, 바이
오칩, 원격진단, 웨어러블 디바이스 등 첨단기술이 헬스케어에 결합됨
에 따라 개인 맞춤형 헬스케어 서비스의 시장 확대가 가속될 것이다.

● 주요 서비스

개인 맞춤형 헬스케어 서비스는 스마트웨어 및 가상신체 기술 등을

활용하여 얻은 개인의 생체정보를 바탕으로 한, 맞춤형 질병 진단 및 예방 서비스이다. 대표적인 서비스로는 맞춤형 원격의료 서비스, 3D 가상신체 진료서비스가 있다. 맞춤형 원격의료 서비스는 건강 관련 정보를 기반으로 건강증진, 질병예방, 자가 대처 및 원격진단, 치료, 사후관리 등의 다양한 의료 서비스를 원격으로 제공하는 서비스이다. 운동량, 심전도, 칼로리 등 개인의 생체정보는 사물인터넷(IoT) 기반의 스마트웨어를 통해 실시간으로 수집하게 된다. 이 서비스가 실현되면 집에서 질병을 손쉽게 진단할 수 있게 된다. 또한 환자의 신체 정보를 홀로그램 기술 등을 통해 3차원(3D) 영상으로 구현하여 진단하고 치료하는 서비스인 3D 가상신체 진료 서비스도 나타날 것이다. 유전체 분석 등으로 수집된 정보를 바탕으로 개인의 가상신체가 구현되면 더 정확한 질병 진단과 치료가 실현될 것이다.

● 서비스 실현에 필요한 핵심기술

개인 맞춤형 헬스케어 서비스의 핵심기술은 질병예측 기술, 웨어러블 디바이스, 생물정보학, 사물인터넷 등으로 나타났다. 질병예측 기술은 조직검사 없이 유전체 및 생체지표 등을 분석하여 개개인의 질병 발생 가능성을 예측·진단하는 기술이다. 이 기술은 개인의 유전적, 환경적 요인을 검사하여 주요 질환에 걸릴 확률을 추정함으로써 질병을 사전에 예방하는 데 적용된다. 또한 센서 등 전자장치를 신체의 일부처럼 착용할 수 있게 하는 기술인 웨어러블 디바이스를 통해 다양한 생체정보를 확보할 수 있다. 이러한 웨어러블 디바이스는 장애인, 고령

자의 신체능력을 정상상태로 향상시키는 데도 적용된다. 아울러 생물
정보학은 유전정보와 같은 생물학적 데이터를 컴퓨터를 이용해 수집·
관리·분석하는 기술로, 신약물질 탐색에 걸리는 시간을 단축시키거나
환자에게 꼭 맞는 맞춤형 치료 방법을 찾아줄 수 있다. 개인 맞춤형 헬
스케어 서비스는 개인의 생체정보를 실시간으로 수집하고 전달하는 사
물인터넷 기술을 기반으로 발전이 가능하다.

현금 없는 금융 서비스

모바일 결제 시스템과 가상화폐의 도입으로
결제수단을 디지털화·다양화하는 새로운 개념의 금융 서비스

기술 실현 2016   산업 실현 2020

● 출현 배경

미래에는 모바일에 기반한 새로운 결제방식과 인터넷 전문 은행이 등장하고, 현금이 필요 없는 다양한 결제·금융 서비스가 보편화될 것이다. 첨단기술과 금융의 결합이 강화되면서 결제 서비스를 넘어서 크라우드 펀딩, 로봇 금융 서비스, 인터넷 은행 등이 보다 활성화될 것이다. 현금 없는 금융 서비스가 실현되면, 실물화폐 운용비용의 감소와 더불어 개인들은 보다 편리한 금융 서비스를 받을 수 있다. 세계 각국에서도 현금 없는 사회를 구현하기 위한 움직임이 가시화되고 있다. 이스라엘은 2014년 세계 최초로 '현금 없는 국가사회 추진위원회'를 발족시켰고, 캐나다, 홍콩, 싱가포르 등도 정부 주도로 '현금 없는 사회 추진협의체'를 구성하였다.

● 주요 서비스

현금 없는 금융 서비스는 모바일 결제 시스템과 가상화폐의 도입으로 결제수단을 디지털화하는 금융 서비스를 말한다. 이를 위해서 개인 인식 기술을 기반으로 웨어러블 디바이스나 사물인터넷(IoT)을 활용하여 모바일로 결제하는 서비스인 개인인식 기반 모바일 전자결제 서비스가 실현될 것이다. 이 서비스가 실현되면 금융 서비스 이용의 안전성과 편의성이 높아질 것이다. 또한 비트코인[23]과 같은 암호화된 가상화폐와 현실 화폐의 환전이 용이하도록 중개해주는 암호화 가상화폐 유통서비스도 구현될 것이다. 이러한 서비스를 통해 본격적으로 현금 없는 사회로의 이동이 가속될 것이다.

● 서비스 실현에 필요한 핵심기술

현금 없는 금융 서비스의 핵심기술은 암호화폐(Cryptocurrency) 기술, 정보 보안 기술, 생체인식 기술 등으로 나타났다. 암호화폐 기술은 암호화 기술을 사용하여 새로운 화폐를 만들거나 거래를 안전하게 진행하는 기술이다. 이러한 암호화폐 기술이 발전하면, 기존의 현금을 대체할 수 있다. 현금 없는 금융 서비스 구현을 위해서는 생체인식, 정보 보안 기술의 발전을 통해 금융 이용 시스템의 안전성을 높여 나가야 한다. 생체인식 기술은 신체의 특징을 이용하여 사용자를 식별·인증함으로써 정보를 보호하는 기술이다. 이 기술을 활용하면 지문, 얼굴, 홍채 등 개인의 신체적 특징과 서명, 음성과 같은 행동적 특징을 이용하여 신원을 인증할 수 있다. 이와 함께 정보의 수집, 가공, 저장, 검

색, 송신, 수신 도중에 정보의 훼손 변조, 유출 등을 방지하기 위한 정보 보안 기술도 필요하다.

23 2008년 Satoshi Nakamoto(가명)가 개발한, 개인 간 파일공유방식으로 거래되는 가상화폐.

무인 네트워크 운송 서비스

자율주행자동차를 기반으로 도시 내 운송수단을 총괄적으로 통제하여
운송네트워크를 최적의 상태로 운영하는 지능형 교통통제 서비스

기술 실현 2020   산업 실현 2025

● 출현 배경

급속한 도시화와 교통수단의 발달로 사람과 물자의 이동성이 이전
보다 크게 증가하면서 만성적인 교통 체증과 주차난 문제가 점점 심각
해지고 있다. 더불어 운송수단의 안전성과 편리성에 대한 요구도 증가
하고 있다. 이러한 문제를 해결하기 위해서 자율주행자동차, 인공지능,
비전 기술 등 첨단기술의 운송 분야 적용이 확대될 것이다. 미래에는
자율주행자동차 등 무인 운송 수단들이 활발하게 활용되고, 이들이
네트워크로 연결되어 다양한 서비스가 제공될 것이다.

● 주요 서비스

무인 네트워크 운송 서비스는 자율주행자동차를 네트워크로 연결하여 최적의 운송서비스를 제공하는 지능형 교통통제 서비스이다. 주요 서비스로는 무인자율주행 서비스, 스마트 교통관제 서비스 등이 있다. 무인자율주행 서비스는 사람의 도움 없이 주행 환경 변화를 인식하여 운송수단을 실시간으로 제어하고, 운송수단 간 협력 주행을 통해 주행의 안전성·편리성을 높일 수 있다. 무인자율주행 서비스가 실현되기 위해서는 자율주행자동차의 개발과 더불어 안전성이 보장되고, 주행을 위한 교통 기반 등이 마련되어야 한다. 또한 무인으로 운송 네트워크를 운영하려면 스마트 교통관제 서비스의 개발도 필요하다. 스마트 교통관제 서비스는 빅데이터, 사물인터넷(IoT) 등의 기술을 활용하여 최적의 교통관제를 해주는 서비스이다. 이 서비스가 실현되면, 운송의 편리성을 높이고 교통 체증을 해소하여 사회적 비용을 감소시킬 수 있다.

● 서비스 실현에 필요한 핵심기술

무인 네트워크 운송 서비스의 핵심기술은 사물인터넷, 빅데이터, 인공지능 등으로 나타났다. 운전자가 핸들, 가속페달, 브레이크 등을 조작하지 않아도 스스로 목적지까지 찾아가는 자율주행자동차는 사물인터넷과의 연결을 통해 안전성과 효율성을 높일 수 있다. 대용량의 데이터를 분석하여 가치를 추출하는 빅데이터는 효율적인 이동경로를 제안할 수 있을 것이다. 또한 지능형 무인비행체 기술은 인간의 조작 없이 장애물을 회피하거나 위험상황에 대처할 수 있는 비행체 기술로,

드론 등을 통하여 무인 네트워크 운송에 활발히 활용될 것이다. 이미 세계적인 종합물류기업인 DHL 등에서 이러한 지능형 무인비행체를 활용한 배송 서비스를 시도하고 있다.

사물인터넷(IoT) 재난대응 서비스

사물인터넷 기술 등을 활용하여 사고 자체를 예방하고,
사고 발생 시 신속히 구조함으로써 피해를 최소화하는 서비스

기술 실현 2020   산업 실현 2025

● 출현 배경

이상기후, 도시개발, 녹지 축소, 교통수단의 고속·대형화 등에 따라 재난 발생 위험이 높아지고 있다. 또한 사회 인프라의 대형화·네트워크화로 재난이 대형으로 발생할 가능성이 커지고 있다. 따라서 사물인터넷 기술을 활용하여 재난을 선제적으로 예방하고, 재난 발생 시 신속하게 대처함으로써 피해를 최소화하는 새로운 차원의 재난대응 서비스가 요구되고 있다.

● 주요 서비스

사물인터넷 재난대응 서비스는 사물인터넷 기술, 센서 등을 활용하여 사고 자체를 예방하고, 사고 발생 시 신속하게 구조할 수 있게 지원하는 서비스이다. 대표적으로 사물인터넷 기반 재난 감지·예측 서비스는 안전감지 센서, 빅데이터 등을 기반으로 한 첨단 탐지·모니터링 시스템을 활용하여 재난 발생 우려 지역을 실시간으로 모니터링하는 서비스이다. 예를 들어 도로, 항만 등 인프라의 안전상태를 자동 진단하고 경보를 울리도록 할 수 있다. 또한, 재난사고 신속 대응 서비스는 재난 발생 후 신속하게 대응하여 피해를 최소화하도록 지원하는 서비스이다. 이를 통하여 드론을 이용한 현장 지휘, 대형 3D 프린터를 이용한 응급복구물자의 현장 생산 등의 서비스를 제공할 수 있을 것이다.

● 서비스 실현에 필요한 핵심기술

사물인터넷 재난대응 서비스의 핵심기술은 사물인터넷, 유비쿼터스 센서 네트워크(USN, Ubiquitous Sensor Network), 빅데이터 기술 등으로 나타났다. 우선 사물인터넷은 네트워크상에서 사람과 사물 혹은 사물과 사물 간의 지능적인 통신 서비스를 제공하기 위한 기술이다. 사물인터넷을 활용하면 자연재해나 재난 우려 지역을 상시적으로 관측하고, 재난 발생 시 상황 정보를 실시간으로 수집·분석하여 보다 신속하게 대응할 수 있게 한다. 또한 산업재해를 예방할 수 있도록 공장 등 작업 현장에서 재난을 사전에 감지·예측할 수 있는 환경을 구축할 수 있도록 지원할 수 있다.

또한, 센서가 감지하는 정보를 활용하는 유비쿼터스 센서 네트워크 기술도 이러한 사물인터넷 재난대응 서비스를 실현하는 핵심기술이다.

유비쿼터스 센서 네트워크 기술은 센서를 사용하여 실시간으로 재난 발생 징후와 관련된 정보를 획득, 처리, 활용하여 이를 사전에 파악할 수 있게 한다. 마지막으로, 빅데이터 기술이 인공지능과 결합하면 재난 재해 관련 대용량 데이터로부터 가치 있는 정보를 추출하여 범죄, 재난 재해 등을 예방하는 데 활용될 수 있다.

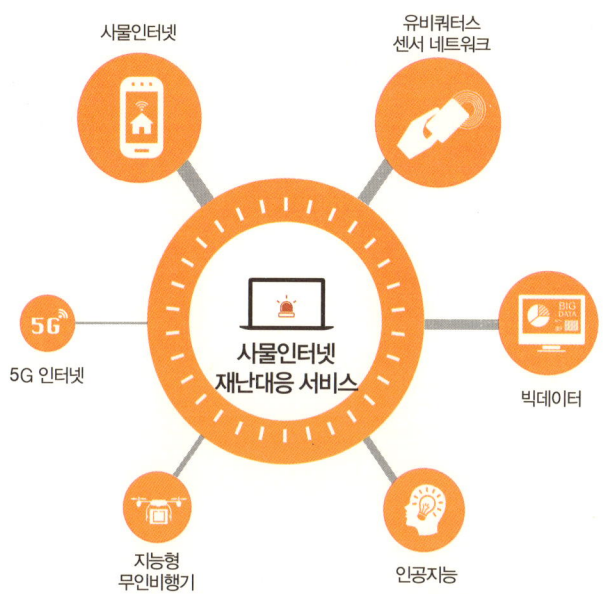

건강수명 증진 서비스

생명공학·정보통신기술 등을 이용하여 노후 수명이
건강수명이 될 수 있도록 지원하는 건강관리 서비스

기술 실현 2020   산업 실현 2025

● 출현 배경

과학기술과 의학의 발달로 인한 기대수명 증가로 건강하게 장수를
누리고자 하는 사회적 기대가 커지고 있다. 특히, 얼마나 오래 사는지
에 대한 평균수명의 개념이 아니라 사망 시까지 질병 및 부상 등으로
고통받지 않고 건강하게 산 기간을 의미하는 건강수명에 대한 관심이
높아지고 있다. 인공장기, 유전자 제어, 유전체분석기술 등 생명공학기
술의 발전은 이러한 건강수명 연장 가능성을 높이고 있다.

● 주요 서비스

건강수명 증진 서비스는 생명공학·정보통신기술 등을 이용하여 건강하게 오래 살 수 있도록 지원하는 건강관리 서비스이다. 대표적인 건강수명 증진 서비스로는 인공장기, 바이오닉스[24] 서비스를 들 수 있다. 즉, 질병이나 사고, 노화 등으로 인해 손상된 신체의 일부를 인공장기나 바이오닉스 시술을 통해 기능을 회복시키거나 강화시켜서 장애를 극복할 수 있도록 돕는 것이다. 또한 고령화로 인한 사회비용 문제를 해결하기 위해 간병·간호 보조업무를 수행하는 로봇 활용 서비스 시장도 커질 것으로 보인다.

● 서비스 실현에 필요한 핵심기술

건강수명 증진 서비스와 관련된 주요 기술은 노화조절 기술, 줄기세포 기술, 3D 프린팅 기술 등으로 분석되었다. 우선 노화조절 기술은 노화에 관여하는 인자들을 제어하여 노화를 인위적으로 관리하는 기술이다. 예를 들어 유전자 결함으로 인한 혈우병 등 선천적 결함을 유전자를 교정하여 완치시킨다거나 노화 관련 유전자를 억제하여 기억력 등 신체기능을 향상시킬 수도 있다. 줄기세포 기술은 훼손된 조직이나 장기를 줄기세포를 활용하여 치료하는 것이다. 이러한 줄기세포 기술을 활용한다면 퇴행성 뇌질환을 줄기세포로 재생된 뇌조직으로 치료할 수 있고, 백혈병, 당뇨병 등의 난치성 질환을 유발하는 손상조직도 회복시킬 수 있을 것으로 전망된다. 마지막으로 3D 프린팅 기술을 활용해 치아, 뼈, 의족, 의수, 인공심장 등 건강 기능 보조장치 등을 손

---

24 바이오닉스는 생물학의 원리를 이용하여 신체의 기능을 확장시키는 장치를 만드는 기술이다. 생물학(Biology)과 전자공학(Electronics)의 합성어로 생체공학, 생체정보공학을 의미한다.

쉽게 만들 수 있을 것이다. 건강수명 증진 서비스와 관련된 핵심기술은 앞에서 살펴본 개인 맞춤형 헬스케어 서비스와 밀접히 연관되어 있다.

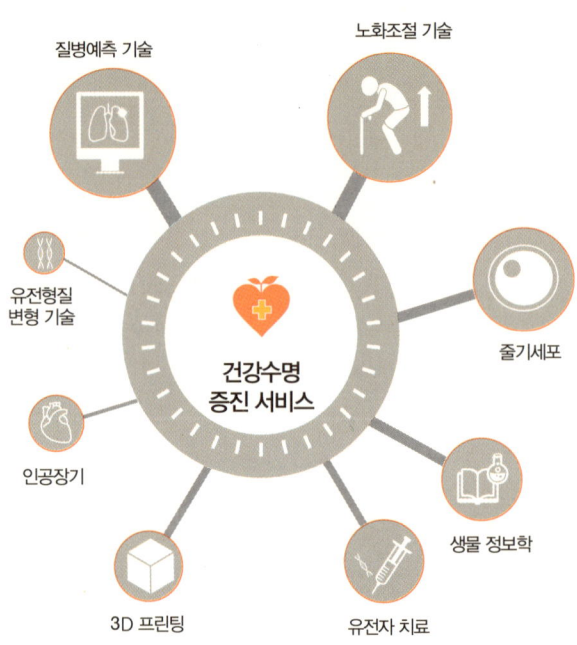

전력 충전 서비스

공공장소에서 상시적으로 유무선 충전이 가능하도록 하여,
전기자동차 등에 필요한 전원공급 인프라를 제공하는 서비스

기술 실현 2018   산업 실현 2020

● 출현 배경

신기후체제 등장으로 온실가스 감축이 중요해지면서 배기가스가 전혀 없는 전기자동차 시장이 빠르게 성장할 것으로 예측된다. 이러한 전기자동차 사용이 활성화되고 시장이 성장하려면 1회 충전으로 주행거리를 확보하는 한편, 필요한 전력을 제때 공급받을 수 있는 충전 인프라가 있어야 할 것이다.

● 주요 서비스

전력 충전 서비스는 공공장소에서 언제나 유무선 충전이 가능하도록 하여 전기자동차 등에 필요한 전원공급 인프라를 제공하는 서비스이다. 전기자동차 충전 서비스는 전기자동차 구동에 필요한 전력을 안정적으로 공급하는 서비스로서, 공공장소에 설치된 충전기나 별도의 충전 스테이션을 통해 전기자동차 사용자들이 손쉽게 전력을 충전할 수 있도록 해준다. 또한, 별도 대기시간 없이 완충된 배터리를 바로 교체해주는 전기자동차 배터리 교환 서비스 시장도 점차 성장할 것으로 보인다.

● 서비스 실현에 필요한 핵심기술

전력 충전 서비스와 관련된 주요 기술은 스마트그리드, 고용량 2차 배터리 기술, 신재생 에너지, 에너지 하베스팅, 무선전력 송수신 기술 등으로 나타났다. 우선 전력 충전 서비스의 핵심기술로는 스마트그리드를 들 수 있다. 스마트그리드는 기존의 전력망과 ICT 기술을 접목하여 공급자와 소비자가 실시간 정보를 교환할 수 있게 함으로써 에너지 효율을 높이는 지능형 전력망 기술이다. 스마트그리드 구축을 통하여 전력 공급자는 전력 공급량을 탄력적으로 조절할 수 있고, 소비자는 자발적으로 에너지 절약과 수요 관리를 할 수 있다.

또한, 보다 용량이 크고 수명이 긴 고용량 2차 배터리 기술은 1회 충전할 때보다 긴 주행거리를 확보하여 전기자동차의 대중화를 앞당길 수 있을 것이다. 한편 태양광, 풍력 등을 활용한 신재생에너지 기술과 진동·열 등으로 사라지는 에너지를 재활용하는 에너지 하베스팅 기술은 전기에너지 배터리 충전에 필요한 에너지를 온실가스 증가 없이 청정에너지로 공급할 수 있게 한다. 마지막으로 무선전력 송수신 기술은 선을 직접 연결하지 않고 무선으로 전력을 공급하여 충전 가능 거리를 넓힘으로써 전력 공급장소 및 대상의 유연성을 높일 것이다.

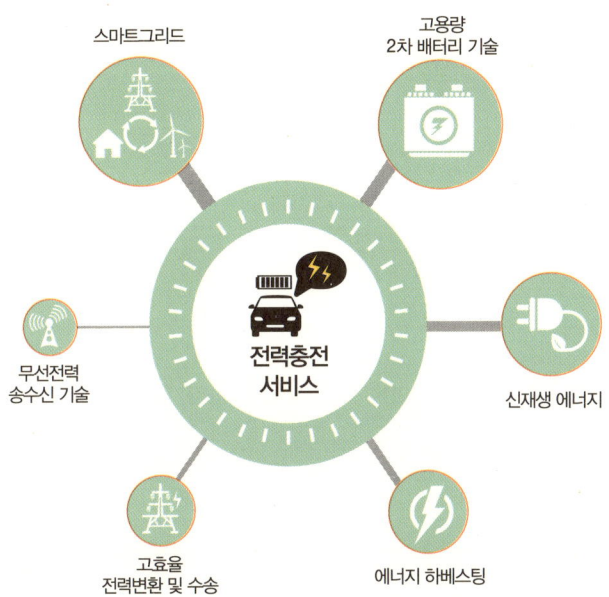

그린에너지 플랫폼 서비스

다양한 방식으로 친환경 에너지를 생산하고, 생산된 에너지를
손쉽게 매매할 수 있는 플랫폼을 제공하는 서비스

기술 실현 2019   산업 실현 2023

● 출현 배경

미래에는 화석연료의 고갈과 기후변화 문제가 심화되면서 태양광·
풍력 등 친환경 에너지 기술에 대한 수요 증가가 예상된다. 앞으로 친
환경 에너지는 대규모 발전소뿐만 아니라 공공기관, 기업, 개인 등이
다양한 방식으로 생산할 것이다. 이렇게 생산된 유휴 에너지를 수요자
와 공급자 간에 손쉽게 거래할 수 있도록 도와주는 그린에너지 플랫폼
서비스가 더욱 활성화될 것이다. 그린에너지 플랫폼 서비스를 통하여
친환경 에너지 이용이 활발해지면, 친환경 에너지 생산이 가속되어 에
너지 문제 해결에 기여할 것으로 기대된다.

● 주요 서비스

그린에너지 플랫폼 서비스는 태양광·풍력·지열 등 친환경 에너지 생산뿐 아니라 생산된 에너지를 효율적으로 공급하고 거래할 수 있게 하는 서비스이다. 대표적으로 제로에너지 빌딩 서비스, 에너지 거래 서비스 등이 있다. 제로에너지 빌딩 서비스는 빌딩 자체 내에서 친환경 에너지를 생산하고 저장하여 필요한 에너지를 자체적으로 공급할 수 있도록 도와주는 서비스로, 에너지 소비를 최소화할 수 있는 에너지 관리 시스템을 포함한다.

또한 신재생에너지의 사용과 에너지 이용 절감으로 생기는 유휴 에너지를 편리하게 거래하는 에너지 거래 서비스를 구현하면, 친환경 에너지를 생산하는 다양한 공간을 그리드로 연결하여 에너지를 수요처로 보내줄 수 있다. 이러한 거래 서비스는 생산된 에너지를 낭비하지 않고 손쉽고 편리하게 거래할 수 있게 만들어 준다.

● 서비스 실현에 필요한 핵심기술

그린에너지 플랫폼 서비스에 필요한 핵심기술은 신재생에너지, 스마트그리드, 고효율 전력변환 및 수송 등으로 나타났다. 우선 태양광·풍력·지열 등 다양한 청정 에너지원으로부터 에너지를 생산할 수 있는 신재생에너지 기술이 필요하다. 또한 스마트그리드를 이용함으로써 에너지 수요에 탄력적으로 대응하고 시스템을 효율적으로 운영할 수 있으며, 고효율 전력변환 및 수송 기술을 통해 에너지 공급의 효율성을 높일 수 있다.

스마트그리드는 에너지의 생산과 소비처를 다양한 네트워크를 통해 연결하는 기술이다. 또한 이러한 기술에 빅데이터 기술을 결합하여 스마트그리드 및 에너지 거래 시스템의 효율을 높일 수 있다. 나노소재 기술로부터는 신재생에너지 생산, 전력변환 및 수송의 효율성 향상에 필요한 소재를 얻을 수 있다.

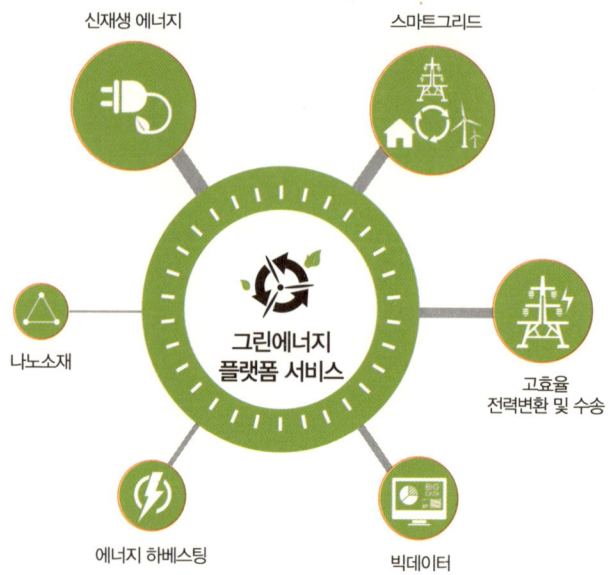

인공지능 만능 전문가 서비스

빅데이터, 기계학습과 인공지능(지능정보기술[25]) 등의 기술을 이용하여
다양한 분야에서 인간의 의사결정과 일손을 대신하는 전문가 서비스

기술 실현 2020   산업 실현 2025

● 출현 배경

인공지능의 발달로 인하여 인간의 능력으로 다루기 어려운 방대한 양
의 정보를 활용한 합리적인 판단이 가능해지고 있다. 빅데이터와 인공
지능의 결합은 다양한 맞춤형 서비스와 새로운 가치를 창출하고 있다.
인공지능 기술은 법률, 패션, 건강, 교통, 안전 등 다양한 분야에 편의
를 제공하고, 부족한 인간의 일손을 대신하여 활용될 수 있다.

● 주요 서비스

인공지능 만능 전문가 서비스는 빅데이터, 인공지능, 기계학습 등의

---

25 기존에 인간만이 가능했던 인지, 학습, 추론 등 고차원적인 정보처리 능력을 ICT를 통해 구현
하는 기술.

기술을 이용하여 전문적·개인적 영역에서 인간의 의사결정과 작업을 대신해 주는 서비스이다. 대표적으로 전문적 영역의 멘토 서비스와, 개인적 영역의 가사도우미 서비스 등을 들 수 있다. 전문 멘토 서비스는 인공지능을 활용하여 건강, 법률, 금융 등 영역에서 저렴한 비용으로 자문을 제공하여 생산성 향상에 기여한다. 또한 최신 뉴스의 실시간 제공, 개인의 건강 상태 및 기호에 적합한 식사 메뉴, 운동법 등을 제시하는 가사도우미 서비스도 활성화될 것이다.

● 서비스 실현에 필요한 핵심기술

인공지능 만능 전문가 서비스에 필요한 핵심기술은 인공지능, 빅데이터, 클라우드 컴퓨팅, 정보 보안 등으로 나타났다. 기계 스스로 학습 및 판단이 가능하도록 해주는 인공지능 기술과 방대한 자료를 효율적으로 처리할 수 있도록 해주는 빅데이터 기술은 만능 전문가 서비스 구현에 필수적이다. 인공지능이 단순한 질의응답을 넘어서 고도의 기능을 발휘하기 위해서는 빅데이터와의 결합이 필요하다. 또한 이용자가 언제, 어디서나 서비스를 제공받을 수 있도록 해주는 클라우드 컴퓨팅 기술과, 해킹을 방지하고 이용 관련 개인정보를 보호하기 위한 정보 보안 기술도 개발되어야 한다. 그리고 휴먼컴퓨터 인터렉션 기술은 이용자가 서비스에 편리하게 질문을 입력하고 답변을 얻으며 활용도를 높일 수 있게 해준다.

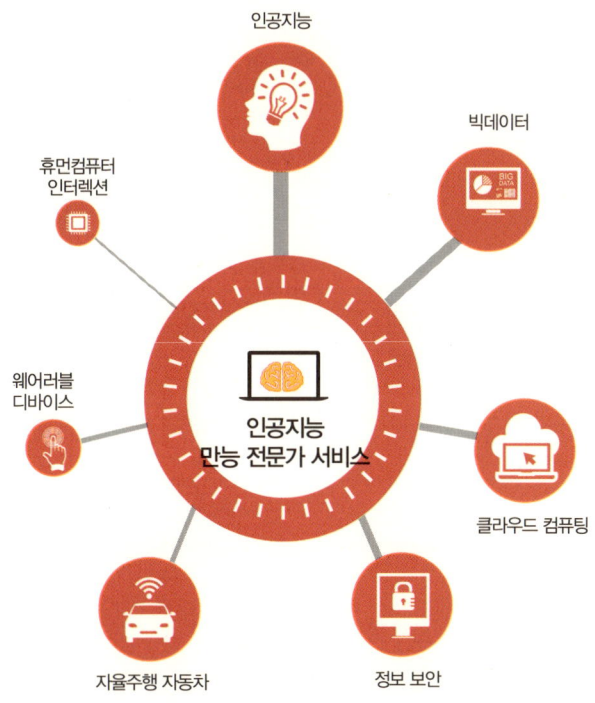

인공지능

빅데이터

휴먼컴퓨터
인터렉션

웨어러블
디바이스

인공지능
만능 전문가 서비스

클라우드 컴퓨팅

자율주행 자동차

정보 보안

웨어러블 에너지 공급 서비스

웨어러블 기기 등 수많은 전자장치에 소형·고효율 방식으로
전원을 공급하는 서비스

기술 실현 2018   산업 실현 2021

● 출현 배경

인간의 삶을 개선해주는 전자장치의 이용은 계속적으로 증가하고 있다. 앞으로는 드론, 로봇 등 이동 능력을 갖춘 기기와 상시적 착용이 가능한 웨어러블 기기의 활용이 확대될 것이다. 드론과 로봇은 물품 배송, 가사 등의 용도로 폭넓게 활용되고, 웨어러블 기기는 헬스케어, 실시간 정보 송수신 등에 다양하게 이용될 것이다. 이러한 전자장치들을 상용화하기 위해서는 전원공급 문제를 해결해야 한다. 이 서비스가 실현되면 전자장치를 이용하면서, 별도의 전원 연결이나 충전 과정을 생략할 수 있게 되어 편의성을 크게 높일 수 있다.

● 주요 서비스

웨어러블 에너지 공급 서비스는 인간이 휴대하는 다양한 전자장치를 이용할 수 있도록 유선 또는 무선으로 전원을 공급하는 서비스이다. 대표적으로 개인용 디바이스 충전 스테이션 서비스, 웨어러블 기기 무선 충전 서비스를 들 수 있다. 개인용 디바이스 충전 스테이션 서비스를 통하여 개인용 디바이스 충전 스테이션을 도시 곳곳에 설치하여 드론, 로봇 등의 이용 편의성을 높일 수 있다. 특히 기기의 이용이 뜸한 시간에 기기를 충전함으로써 더욱 효율적으로 활용할 수 있게 된다. 또한 모바일 기기나 웨어러블 기기를 벗지 않은 상태에서도 편리하게 충전할 수 있는 무선 충전 서비스가 활성화될 것이다. 이 서비스를 활용하면 착용자의 움직임, 체열 등에서 얻은 에너지를 전기에너지로 전환하여 모바일 기기 및 웨어러블 기기를 충전할 수도 있다.

● 서비스 실현에 필요한 핵심기술

웨어러블 에너지 공급 서비스에 필요한 핵심기술은 웨어러블 디바이스, 에너지 하베스팅, 고효율 전력변환 및 수송, 무선전력 송수신, 나노소재 등으로 나타났다. 웨어러블 디바이스의 발전은 웨어러블 기기에 필요한 에너지 공급 서비스의 수요를 증가시킨다. 또한, 웨어러블 에너지 공급 서비스의 에너지 생산방식으로 에너지 하베스팅 기술이 활용될 수 있다. 이 기술은 사용자의 운동, 진동, 체열 등으로부터 전기에너지를 재생산하여 별도의 충전 과정이 필요 없게 함으로써 휴대성을 높일 수 있다. 나노소재 기술은 전기에너지 재생산 효율이 높은 소자를 개발하는 데 필요하다. 그 밖에도 고효율 전력변환 및 수송, 신재생 에너지, 무선전력 송수신 관련 기술을 응용함으로써 웨어러블 에너지 공급 서비스의 구현을 가속시킬 수 있다.

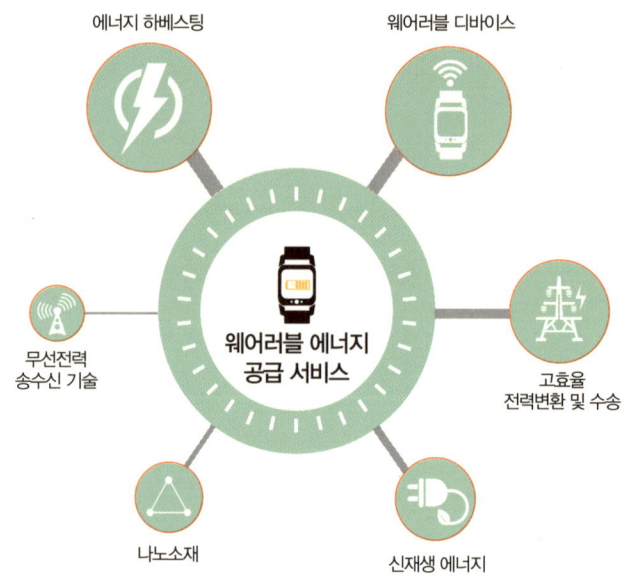

소셜 러닝 서비스

온라인 소셜 네트워크를 통해 개인이 필요로 하는
지식 · 정보를 습득하도록 지원하는 서비스

기술 실현 2016 산업 실현 2018

● 출현 배경

스마트 기기와 무선 인터넷의 발달로 모바일 라이프가 보편화되면서, 금융, 쇼핑, 의료, 여가 등의 영역으로 확대되고 있다. 이러한 변화를 기반으로 사람들이 온라인상에서 네트워크로 연결되어 소통하는 소셜네트워크서비스(SNS)가 활성화되었다. 소셜네트워크서비스를 통한 정보의 공유는 생활양식과 사회문화에 많은 변화를 가져오고 있다. 앞으로는 소셜네트워크서비스를 통해서 단편적인 정보 습득만이 아니라, 체계적이고 심도 있는 지식의 전달 및 습득도 활발해질 것이다.

● 주요 서비스 내용

소셜 러닝 서비스는 온라인 소셜 네트워크를 통해 지식·정보를 공유하고 이를 필요로 하는 사람이 습득할 수 있도록 지원하는 서비스이다. 대표적인 서비스로는 교감협력형 지식공유 서비스, 상황인지형 지식 제공 서비스 등이 있다. 자발적 참여와 지식의 공유를 바탕으로 하는 위키피디아와 같이, 다수가 참여하여 정보를 상호 교류하는 교감협력형 지식공유 서비스는 소셜 러닝 서비스의 대표적인 사례이다. 또한 학습자의 상황 또는 수준을 분석하여 적합한 지식을 제시하는 상황인지형 지식 제공 서비스도 활성화될 것이다.

● 서비스 실현에 필요한 핵심기술

소셜 러닝 서비스에 필요한 핵심기술은 클라우드 컴퓨팅, 빅데이터, 에듀테인먼트, 가상·증강현실 등으로 나타났다. 서버가 온라인상에 구름처럼 퍼져있는 클라우드 컴퓨팅을 통해 이용자는 간단한 기기로도 언제 어디서나 서비스를 이용할 수 있다. 그리고 빅데이터 기술을 통해 이용자들의 지식 수요를 파악할 수 있으며, 유비쿼터스 센서 네트워크로 수집한 정보를 분석하여 지식의 다양성·객관성을 높일 수 있다. 또한 게임을 하듯 즐기면서 학습할 수 있도록 해주는 에듀테인먼트 기술은 이용자의 몰입도를 높임으로써 교육 효과를 향상시킬 것이다. 예를 들어 가상·증강현실 기술은 가상 박물관·가상 문화재를 통한 문화체험의 기회를 제공하고, 실감 나는 기능실습과 안전훈련을 가능하게 해준다. 소셜 러닝 서비스를 제대로 구현하기 위해서는 정보 보안 기술도 필요하다. 정보 보안 기술은 서비스 활성화에 따른 개인정보 유출 방지와 대처에 효과적으로 사용될 것이다.

2. 신서비스의 실현 시기와 파급효과

● 신서비스의 실현 시기

전문가 설문조사를 통해 과학기술·ICT 기반 미래 유망 10대 신서비스의 기술적 실현 시기와 산업적 실현 시기를 예측해보았다. 기술적 실현 시기는 신서비스에 필요한 핵심 기술들이 개발되는 시점을 뜻하며, 산업적 실현 시기는 신서비스가 실제로 우리 생활에 적용되는 시점을 말한다. 기술적 실현 시기와 산업적 실현 시기 사이에 간격이 발생하는 이유는 신서비스를 위한 핵심 기술이 개발되더라도 사회 인프라를 조성하고 신서비스가 실제 보급·활용되는 데에 시간이 필요하기 때문이다.

10대 신서비스의 기술적 실현 시기를 살펴보면 '현금 없는 금융 서비스'와 '소셜 러닝 서비스'는 현재의 기술 수준으로도 서비스를 제공할 수 있는 것으로 나타났다. 반면 '무인 네트워크 운송 서비스', '건강수명 증진 서비스', '인공지능 만능 전문가 서비스', '개인 맞춤형 헬스케어 서비스'의 기술적 실현 시기는 2020년 이후로, 상대적으로 기술 발전이 더 필요한 분야로 나타났다.

산업적 실현 시기에서는 '소셜 러닝 서비스'가 2018년쯤으로 가장 빠르게 보급될 것으로 나타났다. 반면 '무인 네트워크 운송 서비스', '건강수명 증진 서비스', '인공지능 만능 전문가 서비스'는 2023년 이후에나 보급될 수 있는 것으로 나타났다.

기술적 실현 시기와 산업적 실현 시기 차이는 대체로 2~5년이었다. 그 차이가 가장 큰 신서비스는 '무인 네트워크 운송 서비스', '건강수명 증진 서비스', '인공지능 만능 전문가 서비스'로 5년 정도 차이가 있을 것으로 예측된다. 시간 차이가 가장 클 것으로 보이는 '무인 네트워크 운송 서비스'의 경우, 무인 운송을 위한 교통 인프라가 구축되어야 하고 사고 발생에 대한 책임 문제 등과 관련한 제도도 마련되어야 한다는 점이 크게 작용했다. 이러한 인프라와 제도가 갖추어졌을 때에야 수요자들이 무인 운송에 대한 확신을 가지고 서비스를 구매할 것이므로 기술적으로 실현되더라도 산업적으로 보급되기까지는 상당한 시간이 소요될 것으로 보인다. '건강수명 증진 서비스', '인공지능 만능 전문가 서비스'도 비슷한 상황인 것으로 나타났다.

〈그림 22〉 과학기술 · ICT 기반 미래 유망 10대 신서비스의 실현 시기

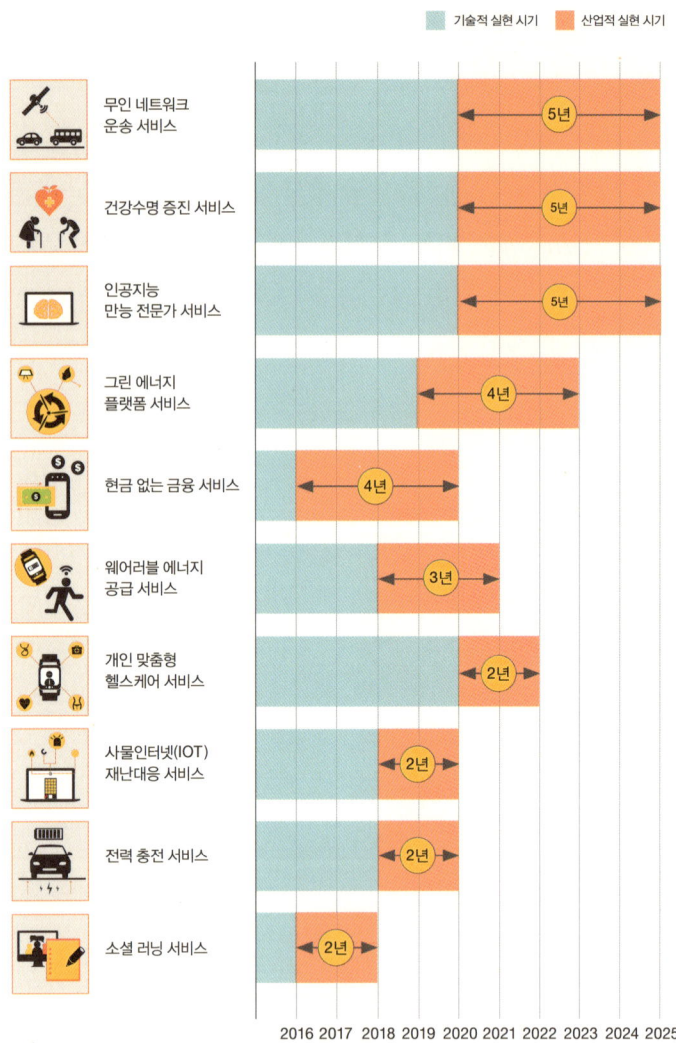

기술적 실현 시기 ■ 산업적 실현 시기

무인 네트워크 운송 서비스 — 5년

건강수명 증진 서비스 — 5년

인공지능 만능 전문가 서비스 — 5년

그린 에너지 플랫폼 서비스 — 4년

현금 없는 금융 서비스 — 4년

웨어러블 에너지 공급 서비스 — 3년

개인 맞춤형 헬스케어 서비스 — 2년

사물인터넷(IOT) 재난대응 서비스 — 2년

전력 충전 서비스 — 2년

소셜 러닝 서비스 — 2년

2016 2017 2018 2019 2020 2021 2022 2023 2024 2025

● 신서비스의 파급효과

미래 유망 10대 신서비스의 파급효과는 '인공지능 만능 전문가 서비스', '사물인터넷(IoT) 재난대응 서비스', '무인 네트워크 운송 서비스', '개인 맞춤형 헬스케어 서비스' 등의 순으로 높게 나타났다. 그리고 '소셜 러닝 서비스'를 제외한 9개 서비스는 27개 조사 대상 후보 서비스의 평균보다 파급효과가 높은 것으로 나타났다. 이는 미래 유망 10대 신서비스가 고용 유발과 부가가치 창출 등 경제성장에 크게 기여할 것임을 보여준다.

〈그림 23〉 과학기술·ICT 기반 미래 유망 10대 신서비스별 파급효과

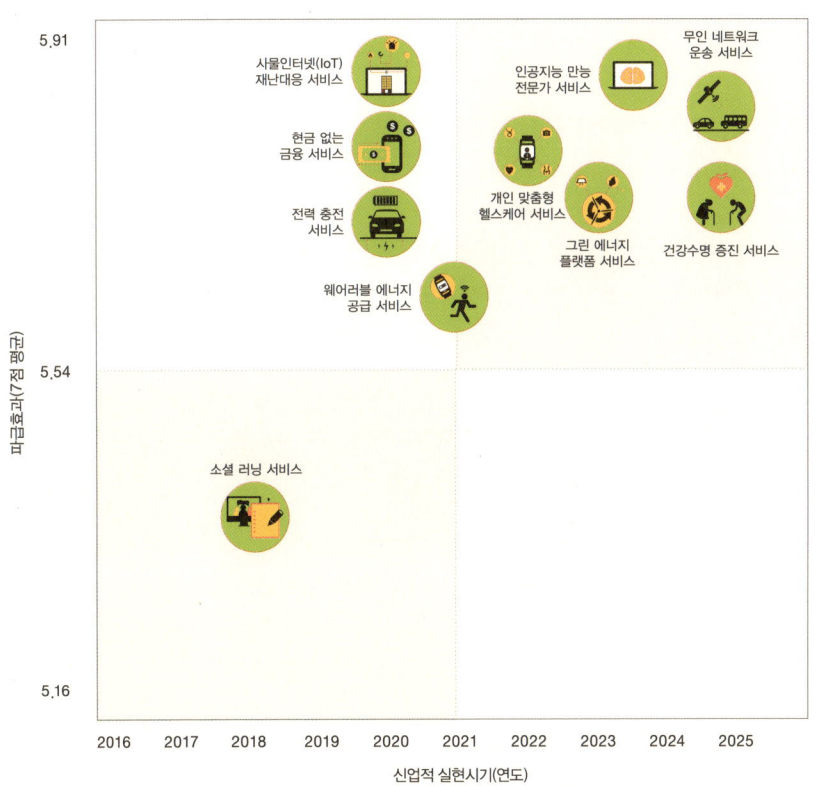

제5절
성장동력 확충을 위한 창의 인프라 조성

    미래 유망 신산업의 육성은 기술혁신을 통해 가능하다. 경쟁이 치열해지는 저성장 시대에는 조직 내부의 역량만으로는 혁신 경쟁에서 생존하기 어려우므로, 외부 자원을 활용하거나 외부 조직과 협력하여 성과를 창출하는 개방형 혁신이 더욱 중요해진다. 이러한 혁신 생태계에서 기술혁신형 기업은 중요한 역할을 수행한다. 창의적 아이디어를 기반으로 한 기술혁신형 기업이 보다 쉽게 창업하여 성장할 수 있는 여건을 만드는 것이 중요하다.

1. 개방형 기술혁신 시스템 마련

● 저성장 시대의 기술혁신 전략, 개방형 혁신

최근 기업 간 신제품 개발 경쟁이 심화되면서 개방형 기술혁신을 중시하는 기업들이 늘어나고 있다. 개방형 혁신은 기업 내부에 국한되던 연구개발 활동을 기업 외부로 확장하여 외부의 아이디어와 자원을 활용하는, 기술혁신의 또 다른 형태이다. 개방형 혁신은 기업-대학 간 협력연구, 조인트 벤처 설립 등의 다양한 형태로 나타나고 있다. 저성장에 따라 연구개발 투자의 효율성이 강조되면서 개방형 기술혁신 시스템이 더욱 중요해지고 있다.

급변하는 산업 환경에서 기업이 생존하기 위해서는 기술혁신이 필수적이다. 과거 카메라 필름으로 세계 시장을 석권했던 코닥은 디지털 시대에 대응하지 못하여 몰락의 길을 걸었다. 우수한 연구개발 역량을 갖추었음에도 환경 변화에 적응하지 못하여 시장에서 밀려나게 된 것으로 평가된다. 개방형 혁신은 환경 변화에 신속하게 대응하고 기술개발의 효율성을 높일 수 있는 기업의 생존 전략이다. 미국의 생활용품 제조업체 피앤지(P&G)는, 외부 역량을 활용하는 C&D(Connect and Develop) 프로그램[26]에 전체 연구개발 투자의 50%를 투입함으로써 창의적 아이디어와 기술을 빠르게 얻어 상품에 적용하고 있다. 구글과 애플도 외부 특허 구매와 우수 기업 M&A에 적극 나서고 있다. 내부의 혁신 역량뿐만 아니라 외부의 자원을 활용하여 혁신을 가속시키기 위

---

26 제품개발에 대해 내부 기술개발에만 안주하지 않고, 필요하다면 다른 기업이나 기관과 적극적으로 협업해 신상품을 개발하는 P&G 고유의 상품개발 방식.

〈그림 24〉 개방형 혁신 시스템 개념 (자료: Henry Chesbrough, 2009)

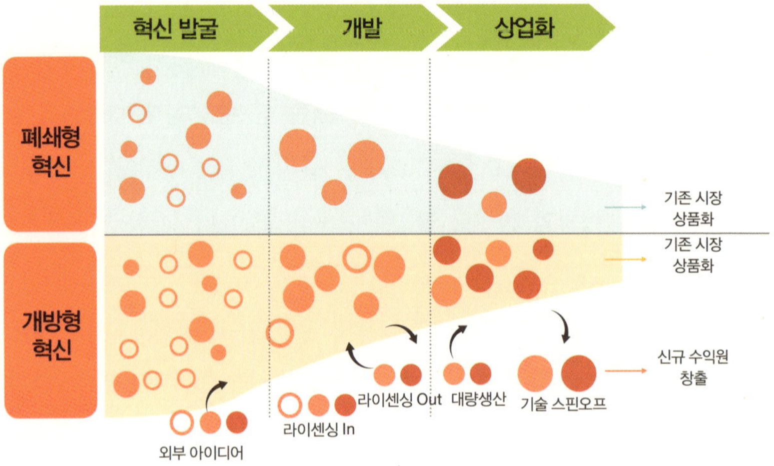

함이다. 이렇듯 개방형 혁신은 경쟁력 확보를 위한 글로벌 기업의 혁신 전략으로 자리 잡고 있다.

● 개방형 혁신으로 패러다임 전환

우리나라도 주력산업의 경쟁력을 유지하고 신산업을 창출하기 위해 개방형 혁신으로 패러다임을 전환해야 한다. 즉, 산학연 협력 등을 통해 인력·지식·정보와 같은 외부의 연구자원을 활용할 수 있도록 개방성을 높여야 한다.

국제경영개발대학원(IMD), 세계경제포럼(WEF) 등 국제기관에서 발표한 2015년 국가 경쟁력 평가를 살펴보면, 우리나라는 아직 개방형 혁신이 활발하지 않은 것으로 보인다. 개방형 혁신과 관련한 산-학 간 지식 전달 정도는 22위(IMD), 국가의 인재 유치 능력은 35위(WEF), 기업 간 기술협력 정도도 35위(IMD)로 미흡한 수준인 것으로 나타났다. 실제로 우리나라 기업은 개방형 혁신에 대한 참여가 상대적으로 낮다. 개방형 혁신에 대한 실태조사(2016, 대한상의) 결과에 따르면 조사대상 기업의 71%가 개방형 혁신이 필요하다고 응답했으나 실제 활용하고 있는 기업은 49%로 나타났다. 이는 개방형 혁신을 확대하기 위해서 인프라와 함께 문화, 인식의 개선이 필요하다는 것을 보여준다.

개방형 혁신을 활성화하려면 서로 신뢰하는 문화를 조성해야 한다. 또한, 개방형 혁신에 참여하는 기업과 기관에 대한 정당한 보상 시스템이 필요하다. 아이디어, 기술, 정보나 지식을 제공한 고객, 외부 기업 등 외부의 참여자에게 제대로 된 보상이 제공되어야 지속적인 개방형 혁신이 이루어질 수 있을 것이다.

● 수요자 중심의 연구개발 시스템 구축

정부연구개발도 수요자 중심으로 전환하여 기업이 필요로 하는 기술을 적기에 공급할 수 있도록 해야 한다. 이를 위하여 정부연구개발사업의 기획 단계부터 산업계의 참여를 이끌고, 실제 연구 수행 단계에서 정보 개방을 확대해야 한다. 산학연 전문가들이 상시적으로 정보를 공유할 수 있는 협력 네트워크를 마련하는 것도 필요하다.

외부의 사용자가 주도하는 개방형 혁신 모델인 리빙랩(Living Lab)에 대한 관심이 전 세계적으로 높아지고 있다. 리빙랩은 대학이나 연구소가 아니라 사람들이 실제로 거주하는 공간에서 실험하고 소통하는 개념이다. 유럽 리빙랩 네트워크(ENoLL, European Network of Living Lab)에는 현재 400여 개의 리빙랩이 등록되어 있으며, 미국 MIT에서는 주거환경용 사물인터넷(IoT)을 개발하는 리빙랩을 운영하고 있다. 우리나라도 안전, 복지 등 미래 삶의 질과 연관된 분야의 연구에 사용자가 주도적으로 참여하는 리빙랩의 활용을 확대할 필요가 있다.

또한, 기업이 자체 기술 역량으로는 좋은 아이디어나 비즈니스 모델을 구현할 수 없을 때, 이를 해결할 수 있는 외부 기업이나 연구기관과 연계해주는 중개서비스 육성도 필요하다. 나인시그마(NineSigma)나 이노센티브(InnoCentive) 등의 기업은, 기업이 의뢰한 기술적 문제를 해결할 수 있는 연구기관을 탐색하여 연계해주고 있다. 기업들이 기술적 어려움을 겪을 때 쉽게 해결할 수 있도록 이러한 중개서비스를 지원하는 방안도 고려할 수 있다.

● 개방적 연구개발 문화 정착

개방형 혁신이 정착되기 위해서는 기업 또는 연구기관의 폐쇄적 연구개발 문화를 개방적으로 전환하는 것이 필요하다. 현재 우리나라 기업의 개방성은 상당히 저조하다. 우리나라 기업들이 내부적으로 사용한 연구비는 92%인 반면, 외부 기관으로 지출한 비용은 8%로 조사되었다(2014, 연구개발활동조사). 산업기술진흥협회 조사에 따르면, 기업들이 개방형 혁신을 주저하는 것은 외부 협력기관에 대한 정보 부족과 기술 유출에 대한 우려가 주요 원인인 것으로 나타났다. 따라서 개방형 연구개발 문화를 정착시키기 위해서는 우선 산학연 협력 등 개방형 혁신으로 효율을 높일 수 있다는 인식을 확산시키는 한편, 기술 유출 방지를 위한 제도도 강화해야 할 것이다. 특히, 개방형 혁신에 대한 인식이 낮은 중소기업에 대한 컨설팅과 교육 지원도 필요하다.

● 공공부문 연구자원의 민간 개방 활성화

공공부문의 연구자원을 민간이 보다 손쉽게 활용할 수 있도록 개방성을 확대해야 한다. 상대적으로 연구 기반이 취약한 중소기업은 공공연구자원을 활용하여 연구개발에 들어가는 비용과 시간을 절약하고 혁신을 가속시킬 수 있다. 미국은 중소기업 기술이전(STTR) 프로그램을 통해 사업화를 지원하며, 에너지부(DOE) 등에서 연방연구기관의 자원을 공유하는 바우처 프로그램을 도입하고 있다. 또한, 유럽에서는 중소기업에 R&D 바우처를 제공하여 공공 연구자원을 활용할 수 있도록 하고 있다.

우리나라도 국가연구시설장비의 개방을 확대하기 위해 장비정보지원 시스템을 운영하고 중소기업에 정부출연연구기관의 연구 인력을 파견하고 있다. 하지만 아직은 걸음마 수준으로 향후 이러한 제도를 보다 확대 시행할 필요가 있다. 이를테면 연구 장비 이용에 한정된 중소기업 R&D 바우처를 공공연구기관의 R&D 수행, 기술사업화 등 다양한 영역에 적용할 수 있도록 확대하는 것이다.

2. 기술 창업의 기반 확충

세계 각국은 저성장을 극복하기 위한 생존전략으로 기술혁신기업의 창업 지원을 강화하고 있다. 미국의 오바마 대통령은 '창업국가 미국(Start-up America)'을 국가비전으로 제시하였으며, 중국도 저성장 시대의 성장동력으로 창업을 강조하고 있다. 실제 미국의 신규 일자리의 60%는 창업기업에서 창출되었다. 기술혁신형 기업이 보다 쉽게 창업하고 자금을 충분히 지원받을 수 있도록 지속적인 제도 개선과 환경 조성이 필요하다.

● 아이디어의 실현을 지원하는 창업 인프라 구축

좋은 아이디어나 비즈니스 모델만 가지고 있다면 누구든지 쉽게 창업할 수 있는 환경을 조성해야 한다. 또한 새로운 제품과 서비스를 창출할 때 창업자가 보유한 기술과 아이디어에 집중할 수 있는 환경을 만들어 주어야 한다. 실제로 창업이 활성화된 미국 실리콘밸리는 아이디어 수집(Quirkly.com), 개발 지원(Techshop)까지 연계되어 쉽게 창업할 수 있는 환경을 갖추고 있다. 또한, 창업에 필요한 각종 멘토링과 네트워킹을 제공하는 창업 엑셀러레이터 등이 활성화되어 있다.

우리나라도 전국적으로 19개의 창조경제혁신센터를 설립하여 창업자들을 다방면으로 지원하고 있다. 향후 창업을 더욱 활성화하기 위해서는 아이디어 수집, 개발 지원, 자금 지원, 창업 엑셀러레이터와 같은 분야에 민간기업이 활발히 참여해야 할 것이다.

● 투자받기 쉬운 환경 조성

기술혁신 기업에 대한 투자가 쉽게 이루어지도록 투자 환경을 개선해야 한다. 이를 위하여 아이디어만 가지고도 쉽게 자금을 모을 수 있는 크라우드 펀딩이 활성화되어야 할 것이다. 시제품이나 창의적 아이디어를 인터넷 사이트에 올려서 다수로부터 펀딩을 받을 수 있는 킥스타터(Kickstarter) 같은 서비스가 좋은 사례가 될 것이다. 크라우드 펀딩 활성화를 위하여 개인 투자자에 대한 소득공제 확대 등의 세제혜택 제공도 고려할 수 있다. 현재 엔젤투자에 대한 소득공제는 최소 30%이지만 크라우드 펀딩은 아직 10% 정도밖에 안 된다.

또한 고위험·고유망 분야에 대한 공공부문 투자를 R&D는 물론 초기 아이디어 단계까지 확대해야 할 것이다. 이스라엘 요즈마 펀드(Yozma Fund)의 경우, 초기 벤처기업에 과감한 투자를 실시하고 있으며, 성실 실패한 창업자를 지원하기 위한 재원을 따로 관리하면서 재도전의 기회를 주고 있다. 그리고 창업기업에 대한 투자뿐만 아니라 체계적인 인큐베이팅을 통해 성공률을 높이고 있다. 하지만 우리나라는 안전성을 우선시하여 죽음의 계곡[27]을 넘은 검증된 기술을 가진 기업 위주로 대부분의 벤처 투자가 이루어지고 있다. 따라서 공공부문에서는 혁신적이지만 다소 위험이 높아 민간이 투자하기 어려운 분야에 투자하여 민간투자의 마중물 역할을 수행하여야 한다.

---

27 데스밸리(Death Valley). 창업초기기업이 창업에 성공하더라도 사업화 단계에 이르기 전까지 겪게 되는 어려운 고비를 의미한다.

● 투자금을 쉽게 회수할 수 있는 인수합병(M&A) 시장 활성화

기술혁신형 기업의 M&A 시장을 활성화하여 투자자가 투자금을 중간에 회수할 수 있는 경로를 마련해야 한다. 창업초기기업이 상장하기까지는 평균 10년이 넘게 소요되기 때문에, 초기 투자자가 자금을 중간에 회수하기 어려워 투자가 저해되는 경향이 있다. 하지만 구글, 페이스북 등의 혁신기업은 뛰어난 벤처기업을 과감하게 인수하여 혁신을 이뤄왔다. 구글은 모바일 OS(2005년 안드로이드), 동영상 플랫폼(2006년 유튜브), 인공지능(2014년 딥마인드) 등을 인수하여 혁신을 가속시키고 우수한 인재를 확보하고 있다. M&A가 활성화되면 엔젤투자자나 벤처 투자 기업이 투자금을 중간에 회수할 기회가 많아지게 된다.

해외에서는 벤처 투자의 70%가 M&A를 통해 투자금을 회수하고 있으나 우리나라는 2014년 기준 2.1%에 불과한 수준이다. 우리나라는 2013년 기술혁신 기업을 대상으로 하는 M&A에 대해 법인세를 10% 감면하는 등의 제도를 도입했다. 자금 여력이 있는 대기업이나 창업 투자사들의 투자를 촉진하려면, 기술혁신형 기업의 M&A 관련 규제와 절차를 완화하고 세제상 혜택을 제공하는 등 정책적 지원을 좀 더 확대해야 할 것이다. 그리고 M&A 시장의 추이나 세수상황 등을 고려하여 혜택을 확대할 것을 검토할 필요가 있다.

● 재도전이 가능한 환경 조성

창업 후 실패를 하더라도 이를 경험 삼아 재기할 수 있는 환경이 조성되어야 한다. 미국 실리콘밸리의 경우 평균 3번 정도 실패한 기업이 성공 확률이 높다고 한다. 그러나 우리나라의 경우 실패에 대한 불안이 창업이나 재도전을 저해하는 주요 요인이 되고 있다. 2015년 한국무역협회의 '한중일 대학(원)생 창업 인식 조사'에 따르면 대부분의 학생들이 실패의 위험부담(38%)을 주요 창업 장애요인으로 꼽았다.

창업 실패의 위험부담을 줄이기 위해서는 창업의 실패가 개인의 신용불량으로 이어지지 않도록 하는 제도적 보완이 필요하다. 우리나라의 경우 창업자 연대보증 면제 정책이 일부 도입되었으나, 보다 과감한 정책적 지원을 통해 창업의 부담을 줄여주는 것이 필요하다. 또한, 창업과 성장에 필요한 자금을 융자 등 차입금에 의존하지 않고 엔젤투자, 창업투자회사 등의 투자금에서 확보할 수 있는 환경이 조성되어야한다. 창업 자금의 투자금 비중을 증가시키면 창업가가 자금 확보를위해 융자를 받고, 그로 인한 연대보증으로 신용불량자로 전락하여 재기가 어려워지는 악순환을 줄일 수 있다.

또한 기업가 정신의 확산이 필요하다. 우리나라의 청년 창업가 비중은 2000년대 초반 32.4%에서 2013년 11.6%로 하락했다. 우리나라는 창업교육 이수 비율[28], 기업가 정신(글로벌 창업 모니터(GEM) 조사)[29] 등이 OECD 국가 중에서 낮은 편으로 나타났다. 스탠퍼드, MIT 등 청년창업가를 배출해 낸 주요 대학들은 기업가 정신을 중심으로 교과과정을 재편하고 있다. 우리도 교육과정 전반에 기업가 정신을 키워주는 프로그램을 확대하여 창업에 도전적으로 뛰어들 수 있는 인재를 길러내야할 것이다.

---

28 강요셉 · 최동혁, '창조경제시대 한국 창업 생태계 현황과 과제', 한국과학기술기획평가원, 2013.
29 이정동, '한국 산업 생태계의 신진대사 진단과 시사점', 한국과학기술기획평가원, 2015.

3. 기술혁신형 기업의 지속가능한 성장 지원

창업기업이 지속적으로 생존하여 중소·중견기업으로 성장할 수 있는 환경과 제도가 조성되어야 한다. 혁신의 근원인 우수한 인재들이 대기업만 찾아다니지 않고 중소·벤처 기업에서도 능력을 발휘할 수 있는 환경을 조성해야 할 것이다. 또한 혁신적 제품과 서비스를 만들고도 어려움을 겪는 기업들에게는 정부의 공공조달을 통한 수요 창출로 시장에 진입할 수 있도록 지원할 수 있을 것이다.

● 창업 후 기업의 지속적 혁신을 위한 지원 확대

기업이 창업에 성공하였더라도 소위 '데스밸리(죽음의 계곡)'라 불리는 어려운 시기를 극복해 나가야 한다. 우리나라 기업의 창업 후 생존율은 41.5%로 OECD 평균인 53.7%보다 낮다. 창업 후에도 차별화된 경쟁력을 유지하려면 기술혁신이 지속되어야 하나, 창업기업들은 자금과 인력의 부족으로 인해 기술혁신 기반을 갖추지 못하는 경우가 많다.

미국은 중소기업 혁신연구(SBIR)와 중소기업 기술이전(STTR) 프로그램으로 창업기업과 중소기업의 기술혁신을 적극 지원하고 있다. 우리나라도 창업기업이 시장에 안정적으로 정착하도록 기업의 성장단계별로 맞춘 지속적인 R&D 지원이 필요하다. 한국일보-산업기술진흥협회의 설문조사 결과에서 중소·중견기업들은 정부의 투자나 융자 등 자금지원보다 연구개발 역량 강화를 필요로 하는 것으로 나타났다. 따라서 창업기업과 공공연구기관 간 기술협력을 강화하고, 미래의 신성장

산업에서 중소기업 참여가 적합한 R&D 영역을 적극적으로 발굴해야 할 것이다.

● 창의적 인재가 선호하는 환경 조성

기술혁신형 기업들이 지속적으로 성장하기 위해서는 혁신역량을 갖춘 우수인력의 확보가 필요하다. 우수한 인재가 기술혁신형 기업으로 보다 많이 유입되어 지속적으로 근무할 수 있는 환경을 만들어야 할 것이다. 스톡옵션은 기술혁신형 기업이 우수한 인재들에게 보상을 제공하기 위해 널리 활용되는 제도이다. 그러나 우리나라는 2000년대 초반 IT 버블 붕괴 후 스톡옵션에 대한 규제와 세금이 강화되며 그 기능이 약화되었다.[30] 다행히 2015년에 정부가 규제와 세금 부과 등을 일부 완화하는 조치를 취했으나, 우수인재들이 기술혁신형 기업 근무에 대한 혜택으로 체감하기 위해서는 제도의 지속적 개선이 필요하다.

또한 이공계 우수인력을 대상으로 한 전문연구요원제도를 확대하여야 한다. 중소기업에 근무하는 석·박사급 인력에 병역혜택을 주는 전문연구요원 규모는 2010년 1,157명에서 2014년 896명으로 감소했다. 전문연구요원으로 중소기업에서 근무한 연구 인력의 61.9%는 의무기간 종료일에 퇴사한다고 한다. 많은 우수인력이 기술혁신형 중소기업에 근무할 수 있도록 하되, 장기간 근무할 수 있는 환경을 만들어야 할 것이다.

---

30 KAIST 미래전략대학원, 《대한민국 국가미래전략 2016》, 이콘, 2015.

● 기술혁신 제품의 공공구매 확대

시장 진입에 어려움을 겪는 기술혁신 기업들에게 공공구매는 시장 창출의 기회가 된다. 2014년 기준 공공구매 시장 규모는 약 115조 원으로 GDP의 8~10% 규모에 달한다. 그러나 현재 실시되는 공공구매 제도는 경쟁력이 약한 중소기업을 보호하는 데 중점을 두고 있어, 기술혁신형 제품에 대한 수요 창출은 다소 부족하다. 따라서 기술혁신형 제품이 공공시장에 보다 쉽게 진입할 수 있도록 별도의 정책적 지원을 강화해야 할 것이다. 한 예로 기술혁신형 제품의 공공구매 확대를 위하여, 현재 조달되고 있는 사무기기나 건설자재 등을 친환경 제품, 에너지 효율 우수 제품 등으로 대체할 수 있다. 공공기관의 백열등을 에너지 효율이 높은 LED로 교체하여 관련 시장을 육성한 사례가 있다.

또한, 첨단기술 제품과 연계된 공공서비스 창출을 고려할 수 있다. 스웨덴의 경우 대규모 수도관 교체 사업, 지능형 교통 시스템(ITS) 개선 사업 등을 통해 공공사업에서 기술혁신형 제품의 새로운 수요를 발굴하고, 완제품뿐 아니라 R&D 단계의 제품도 구매하고 있다. 공공수요의 정보를 파악하기 힘든 중소기업의 여건을 고려하여, 정부 차원에서 공공구매 수요 확인, 입찰, 계약 등의 기능을 제공하는 플랫폼을 구축하는 것도 방안이 될 수 있다.

10년 후 대한민국

미래전략 보고서

대한민국

뉴노멀 시대의 성장전략

| 제5장 |

맺음말

우리나라는 비교적 짧은 시간에 빠른 경제성장을 이루었으나, 2008년 글로벌 금융위기 이후 성장이 정체되면서 저성장이 장기화되지 않을까 하는 우려가 제기되고 있다. 글로벌 경제도 중국, 인도 등으로부터 제공되는 저임금 노동력에 의존하여 성장해 왔지만 최근 들어 임금 상승과 투자 부진으로 성장세가 꺾인 상황이다. IMF, OECD 등 국제 기구들도 세계경제의 저성장이 장기화될 수 있다고 경고하고 있다.

세계 주요국들은 저성장을 극복하기 위해 기술혁신을 통한 성장에 주력하고 있다. 미국은 과학기술에 기반한 제조업 혁신을 추구하며 성장과 고용 문제를 동시에 해결하고 있고, 일본의 아베노믹스도 설비 투자 촉진을 통해 고용과 소득이 증가된 점에 대해서는 긍정적 평가를 받고 있다. 전통적 제조업 강국인 독일과 벤처경제로 호황을 누리는 이스라엘도 자신들의 강점을 잘 활용한 신기술개발 등으로 저성장에서 벗어나려 노력하고 있다.

이처럼 저성장은 비단 우리만의 문제가 아니라 세계적인 기조이며, 우리 삶에 많은 변화를 가져올 것으로 보인다. 청년 실업이 장기화되는 등 고용 불안이 심해지고, 경제적 어려움으로 인해 출산율도 더욱 낮아질 수 있다. 한편 저렴하면서도 질 좋은 제품을 찾는 알뜰소비, 함께 나눠 쓰는 공유경제가 자리를 잡아갈 것이다. 물론 저성장으로 인해 새로 발생하는 현상들은 아니지만, 저성장의 영향으로 더욱 부각되는 현상이므로 이를 잘 고려하여 저성장에 대응해 나가야 한다.

자본이나 노동을 집중적으로 투입해서 성장을 이끌던 시대는 지났다. 신흥국이 성장함에 따라 값싼 노동력의 공급도 줄어들고 있어, 양적인 투입에 의한 성장보다는 기술혁신을 통해 생산성을 높이는 질적 성장 중심으로 성장의 패러다임을 바꿀 필요가 있다. 기술혁신을 통한 성장은 새롭게 제시되는 개념은 아니다. 양적인 투입으로 인한 성장이 한계에 다다른 상황에서는 창의적 아이디어와 기술혁신을 통한 생산성 제고가 더욱 중요해진다는 의미이다.

그러나 기술혁신을 통해 고부가가치화를 이룬다 하더라도 고용이 동반되지 않으면 의미가 없다. 지금까지의 성장은 기술혁신을 통해 산업이 성장하더라도 일자리는 늘어나지 않는 '고용 없는 성장'이라고 볼 수 있다. 일자리가 함께 늘어나는 성장을 이루기 위해서는 새로운 유망산업의 육성과 함께 고용 창출 효과가 높은 신서비스의 육성에 집중할 필요가 있다. 이를 위해 새롭게 부각될 것으로 예상되는 과학기술 기반 유망산업과 신서비스를 제시하였다.

이 보고서에 제시된 내용만으로 저성장이 해결되지는 않을 것이다. 다만 이러한 제안들이 다양한 분야에서 활용될 수 있는 나침반이 되기를 희망한다. 혁신적인 아이디어 하나로 세계적인 기업이 만들어진 사례처럼, 우리도 창의적 아이디어를 기반으로 한 새로운 먹거리 산업을 통해 저성장 시대를 극복해 나갈 수 있기를 희망한다.

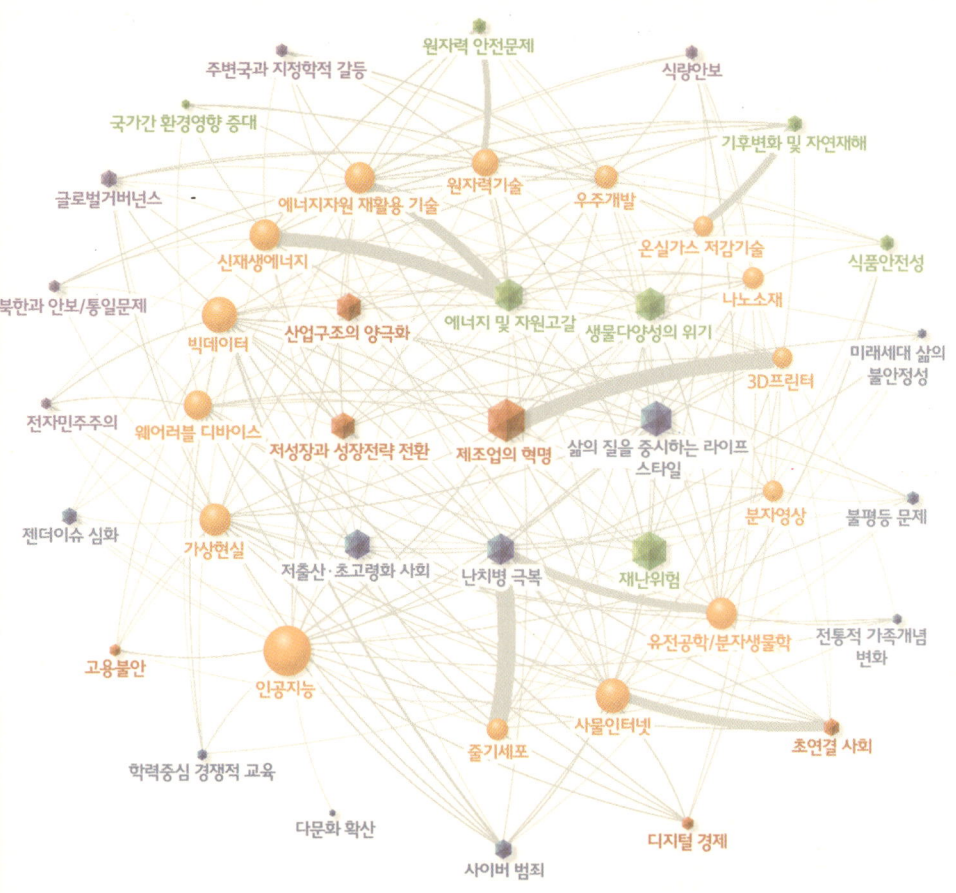

주변국과 지정학적 갈등
원자력 안전문제
식량안보
국가간 환경영향 증대
기후변화 및 자연재해
글로벌거버넌스
원자력기술
우주개발
에너지자원 재활용 기술
온실가스 저감기술
식품안전성
신재생에너지
나노소재
북한과 안보/통일문제
빅데이터
산업구조의 양극화
에너지 및 자원고갈
생물다양성의 위기
미래세대 삶의 불안정성
3D프린터
전자민주주의
웨어러블 디바이스
저성장과 성장전략 전환
제조업의 혁명
삶의 질을 중시하는 라이프 스타일
젠더이슈 심화
가상현실
저출산·초고령화 사회
난치병 극복
재난위험
분자영상
불평등 문제
고용불안
인공지능
유전공학/분자생물학
전통적 가족개념 변화
학력중심 경쟁적 교육
줄기세포
사물인터넷
초연결 사회
다문화 확산
디지털 경제
사이버 범죄

10년 후

미래이슈 보고서

대한민국

요약본–한글판

출처: 《10년 후 대한민국: 미래이슈 보고서》

○ 앞으로 10년 뒤 미래는 움직이는 것이다

〈미래이슈 분석 보고서〉는 현재 우리 사회가 안고 있는 주요 이슈의 분석을 통해 10년 후 이 이슈들이 어떤 중요성과 의미를 가지고 전개될 것인지를 살펴봄으로써 미래준비를 선제적으로 하기 위한 것이다. 2020년, 2040년 등 특정 연도를 목표로 한 기존의 미래예측보고서와는 달리 이번 보고서는 구체적인 문제해결책 제시보다는 향후 10년이라는 기간을 설정하고 이 기간 동안에 이슈들이 어떻게 발전되는지에 대한 동적인 분석에 초점을 맞추었다. 각 이슈에 대한 전문가 인식조사를 바탕으로, 세계경제포럼(WEF)이 글로벌 리스크(Global Risks)에서 사용한 네트워크 분석 기법[2]을 활용하여 이슈와 이슈 간의 연관관계, 그리고 이슈와 밀접한 관계가 있는 핵심 기술과의 연관관계를 동적인 시각에서 분석하였다.

○ 보고서 작성경과

미래부는 2014년 12월 '미래준비위원회'를 구성하고 동 위원회를 중심으로 이슈 분석에 착수하였다. 미래준비위원회는 OECD 미래전망보고서 등 국내외 관련 문헌정보와 국가정책연구포털사이트 등 다양한 데이터를 기초로 하여 경제·사회·환경·정치 분야에서 총 28개 분석대상 이슈를 선정하였다. 이와 별도로 미래사회에 광범위

---

2 복수의 개인·사물·조직들을 상호 연결시키는 관계를 분석하여 네트워크에서 중요한 역할을 하는 개인·사물 등을 파악하는 분석 기법

하게 영향을 미칠 미래기술(핵심기술) 15개도 선정하였다. 분석 대상
으로 선정된 이슈에 대해서 지난 4월 학계, 연구계 등 전문가와 미
래세대인 대학생 등 총 1,477명을 대상으로 각 이슈의 중요성, 이슈
와의 연관관계, 그리고 핵심기술과의 연관관계 등에 대한 인식조사
를 실시하고 그 결과를 네트워크 분석을 통하여 분석하였다.

〈표 1〉 28개 분석대상 이슈 및 15개 핵심기술

분야	이슈명칭
경제 (6개)	초연결 사회, 저성장과 성장전략 전환, 디지털 경제, 고용불안, 제조업의 혁명, 산업구조의 양극화
사회 (10개)	저출산 · 초고령화 사회, 불평등 문제, 미래세대 삶의 불안정성, 삶의 질을 중시하는 라이프스타일, 다문화 확산, 전통적 가족개념 변화, 학력 중심 경쟁적 교육, 젠더이슈 심화, 난치병 극복(100세 시대), 사이버 범죄
정치 (5개)	식량안보, 주변국과 지정학적 갈등, 북한과 안보 · 통일 문제, 전자 민주주의, 글로벌 거버넌스
환경 (7개)	재난위험, 에너지 및 자원 고갈, 기후변화 및 자연재해, 국가 간 환경 영향 증대, 원자력 안전문제, 생물 다양성의 위기, 식품안전성
핵심기술 (15개)	사물인터넷, 빅데이터, 인공지능, 가상현실, 웨어러블 디바이스, 줄기세포, 유전공학 · 분자생물학, 분자영상, 나노소재, 3D 프린터, 신재생 에너지, 온실가스 저감기술, 에너지·자원재활용 기술, 우주개발, 원자력 기술

○ 10년 앞에서 현재를 보다

먼저 28개 분석 대상 이슈 중 응답자들이 10년 후의 관점에서 가장 중요하게 생각하는 이슈, 28개 이슈에 대한 세대 간 · 성별 간 인식 차이, 그리고 현재와 10년 후의 중요성에 대한 인식을 조사하였다. 그리고 각 이슈별로 미래에 현실적으로 문제가 발생할 가능성 (발생 가능성)과 사회에 미칠 영향력, 이슈와 이슈 간의 연관관계, 그리고 이슈와 핵심기술과의 연관관계 등을 분석하였다. 또한 주요 이슈별로 과거에는 어떻게 정책적으로 대응해왔는지에 대하여 정책 연구 어젠다 분석을 통해 살펴보았고, 각 이슈들에 대한 일반 대중들의 구체적인 관심사항을 미디어 키워드 분석을 통하여 살펴보았다. 또한 이들 이슈와는 별도로 미래준비위원회 차원에서 우리 사회가 준비해야 할 것으로 선정한 이슈를 분석 · 정리하였다.

○ 10년 후 중요한 10대 이슈

10년 후의 관점에서 가장 중요하게 생각하는 이슈에는 저출산 · 초고령화, 불평등 문제, 미래세대 삶의 불안정성 등으로 나타났다. 이외에도 고용불안, 저성장과 성장전략 전환 등 경제 이슈, 국가 간 환경영향 증대와 기후변화 등 환경 이슈, 남북문제 등 정치 이슈 등이 10대 이슈에 포함되었다(표 2).

〈표 2〉 10대 이슈

순위	이슈명	순위	이슈명
1	저출산 · 초고령화 사회	6	사이버 범죄
2	불평등 문제	7	에너지 및 자원 고갈
3	미래세대 삶의 불안정성	8	북한과 안보 · 통일 문제
4	고용불안	9	기후변화 및 자연재해
5	국가 간 환경영향 증대	10	저성장과 성장전략 전환

○ 이슈에 대한 인식

28개 이슈의 중요성에 대한 인식은 세대 간에 큰 차이가 없었으나, 여성이 남성에 비해 같은 이슈에 대한 중요성의 정도를 더 높게 평가하였다. 10대 이슈 중에서 '저출산 · 초고령화 사회', '기후변화 및 자연재해', '사이버 범죄', '에너지 및 자원고갈', '국가간 환경영향 증대'는 현재보다 미래에 더욱 중요할 것으로 분석되었다. 10대 이슈 이외에 '식량안보', '생물 다양성의 위기', '초연결 사회', '글로벌 거버넌스', '삶의 질을 중시하는 라이프스타일' 등은 미래에 부상할 이슈로 분석되었다.

○ 미래 발생 가능성과 영향력

28개 이슈들의 발생 가능성과 우리 사회에 미칠 영향력에 대한 평가 결과를 분석하였다. 분석 결과, 10대 이슈 대부분은 발생 가능성이 높고 영향력이 큰 것으로 나타났다. 10대 이슈 중 '북한과 안보

·통일문제'는 발생 가능성은 낮으나 영향력이 큰 것으로 나타났다. 10대 이슈에는 포함되지 않았지만 '디지털 경제'와 '초연결 사회' 이슈가 상대적으로 발생 가능성이 높고 영향력이 큰 것으로 나타났다.

○ 매우 중요해진 삶의 질

주요 이슈별로 이슈 간 상호 연관관계에 대한 분석을 실시하였다. 28개 분석 대상 이슈에 대해서 네트워크 분석을 통하여 〈그림 1〉과 같이 이슈 간 상호 연관관계를 도출하였다. 그림에서 이슈가 가운데 위치할수록 다른 이슈와의 연관관계가 많으며, 선의 굵기는 연관관계의 정도를 나타낸다. 즉, 선이 굵을수록 연관관계가 많다.

다른 이슈와 높은 연관관계를 맺고 있는 이슈는 ①삶의 질을 중시하는 라이프스타일, ②고용불안, ③불평등 문제, ④산업구조의 양극화, ⑤저출산 · 초고령화 사회, ⑥초연결 사회, ⑦저성장과 성장전략 전환, ⑧재난위험, ⑨글로벌 거버넌스 순으로 나타났다. 특히 '삶의 질을 중시하는 라이프스타일'은 이슈 그 자체로서는 중요성과 영향력이 상대적으로 낮으나 여러 이슈와 가장 연관관계가 많은 이슈로 나타났다. 다른 이슈와 연관관계가 높은 이슈일수록 사회적으로 영향력이 미치는 범위가 넓기 때문에 이슈의 대응에 있어서도 관련 이슈와 함께 포괄적인 접근이 필요하다.

다른 이슈와 연관성이 높은 이슈인 '고용불안', '저출산 · 초고령화 사회', '불평등 문제'와 10대 이슈 중 환경 분야의 '기후변화 및 자연재해', '에너지 및 자원 고갈'에 대하여 다른 이슈와의 연관관계를 예시적으로 살펴보았다.

〈그림 1〉 28개 이슈의 연관관계

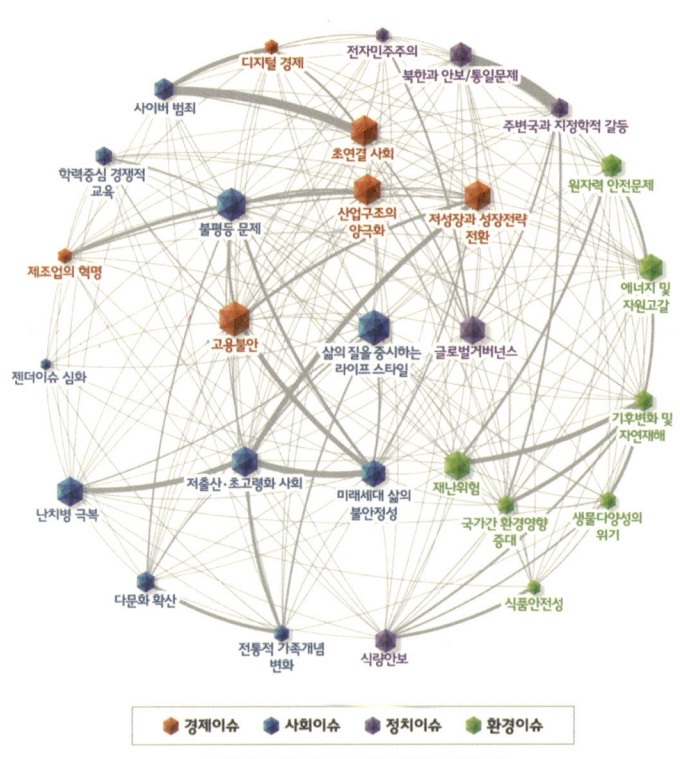

○ 이슈와 핵심기술의 연관관계

네트워크 분석을 통해 도출한 핵심기술과 이슈 간 연관관계를 〈그림 2〉로 나타냈다. 이슈가 다양한 핵심기술과 연관될수록 그림의 중앙에 놓이게 된다. 또한 이슈와 핵심기술 간에 연관성이 높을수록 이슈와 핵심기술을 연결하는 선이 굵게 나타나고, 많은 이슈들과 연관성을 가질수록 핵심기술을 표시하는 점(node)도 크게 나타난다.

〈그림 2〉 28개 이슈와 핵심기술 간 연관관계

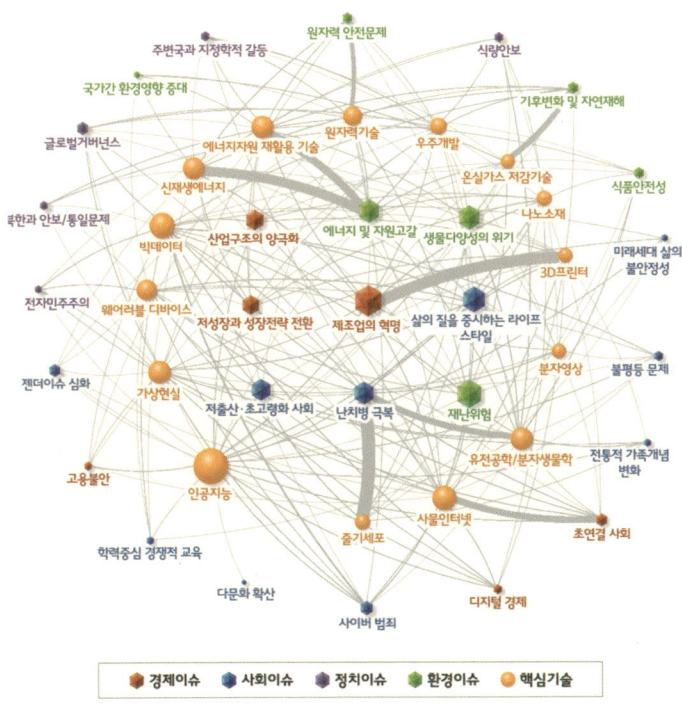

과학기술과 긴밀하게 관계를 맺고 있는 이슈는 ①제조업의 혁명, ②재난위험, ③삶의 질을 중시하는 라이프스타일, ④생물 다양성의 위기, ⑤에너지 및 자원고갈, ⑥난치병 극복, ⑦저출산·초고령화 사회, ⑧산업구조의 양극화, ⑨저성장과 성장전략 전환 순으로 나타났다. 또한 다양한 이슈와 연관관계를 갖는 핵심기술로는 '인공지능', '빅데이터', '사물인터넷' 등으로 나타났다. 핵심기술 중 '인공지능', '사물인터넷', '유전공학', '온실가스 저감기술', '원자력 기술'이 미래 우리 사회의 어떤 이슈와 관계를 가지고 있는지를 예시적으로 살펴보았다.

○ 주요 이슈별 정책 어젠다 및 미디어 키워드 분석

과거 15년간 주요 이슈별로 정책적 어젠다를 어떻게 만들어 대응해 왔는지를 조망함으로써 과거의 경험을 앞으로의 정책수립 등에 반영하고자 했다. 지난 15년간의 정책연구 결과들을 체계적으로 관리하고 있는 국가정책연구포털 자료를 바탕으로 주요 이슈별로 정책 어젠다들이 어떻게 전개되어 왔는지를 빅데이터 분석을 통해 살펴보았다.

예를 들면 '에너지 문제'의 경우에는 2000년대 초반 우리나라의 에너지 수급사정은 비교적 안정적이었기 때문에 '남북 에너지 협력(2002)'이 검토되었다. 그러나 '고유가 충격(2004)'과 〈교토의정서〉 발효에 따른 기후변화에 대한 국제적인 대응(2005)에 따라 환경친화적

이고 효율적인 에너지 공급을 위한 '에너지 믹스(2006)', '스마트그리드와 전기자동차(2009)', '신재생에너지(2010)'에 대한 정책 논의가 활발해졌다. 특히 순환정전 사태(2011) 이후에는 에너지공급뿐만 아니라 '에너지소비효율화(2011)'에 대한 관심이 높아졌고, 최근 기술발전으로 시추가격이 인하하면서 '셰일가스(2013)'가 정책 어젠다화되었다.

〈그림 3〉 에너지 문제 정책 어젠다 흐름

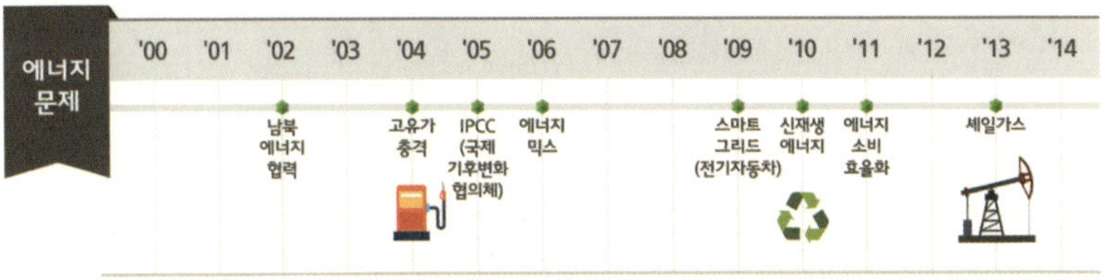

또한 SNS 등 미디어 키워드 분석을 통해 최근 이슈에 대한 대중의 관심사항을 알아보았다. 예를 들어 삶의 질을 중시하는 라이프스타일의 경우에는 '웰빙', '여가' 등이 대표적인 키워드로 나타났다. 따라서 삶의 질을 중시하는 라이프스타일 실현을 위해서는 웰빙과 여가에 대한 정책적 대응이 중요해질 것이다.

〈그림 4〉 삶의 질을 중시하는 라이프스타일 관련 미디어 키워드

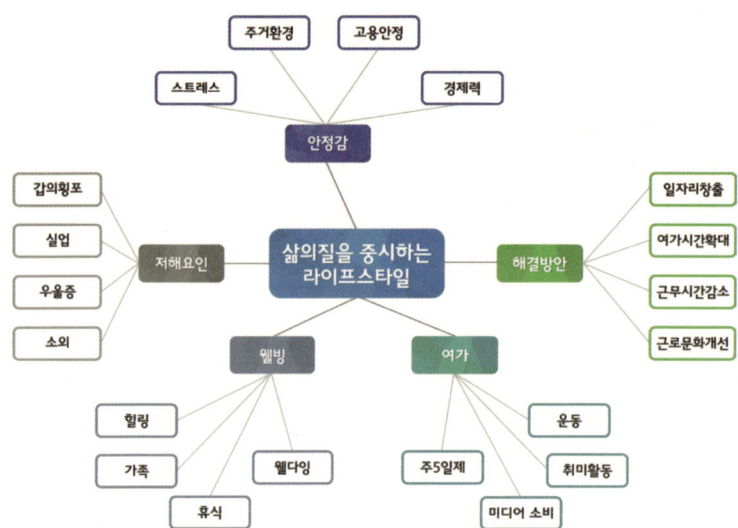

○ 미래준비위원회가 제안하는 이슈

　미래준비위원회에서 자체적으로 발굴하고 설문조사 등을 통해 선
정한 이슈도 분석하였다. 이슈를 사회문화의 변화, 산업경제의 변
화, 그리고 삶의 환경 변화로 나누고 각 이슈에 대한 미래준비위원
회의 시각을 정리하였다.

〈표 3〉 미래준비위원회가 선정한 9개 이슈

분야	이슈명칭
사회문화의 변화 (3개)	획일화 사회 극복, 불평등 사회, 저출산 · 고령화 사회의 대비
산업경제의 변화 (3개)	초연결 사회의 지속가능한 미래, 지속가능한 산업 생태계, 인공지능의 발전
삶의 환경 변화 (3개)	기후변화, 대형 시스템의 안정성, 스마트 환경과 뉴미디어

○ 중점 논의할 2개 이슈는?

이번 분석결과를 바탕으로 이슈 간의 연관관계, 이슈와 핵심기술 간의 연관관계가 높은 2개 이슈를 선정하여 그에 관련된 미래전략을 마련할 계획이다. 선정된 이슈와 연관관계를 가지는 이슈들을 종합적으로 고려할 것이며, 과학기술과 ICT를 활용하는 방안을 중심으로 해결 방안을 마련할 계획이다.

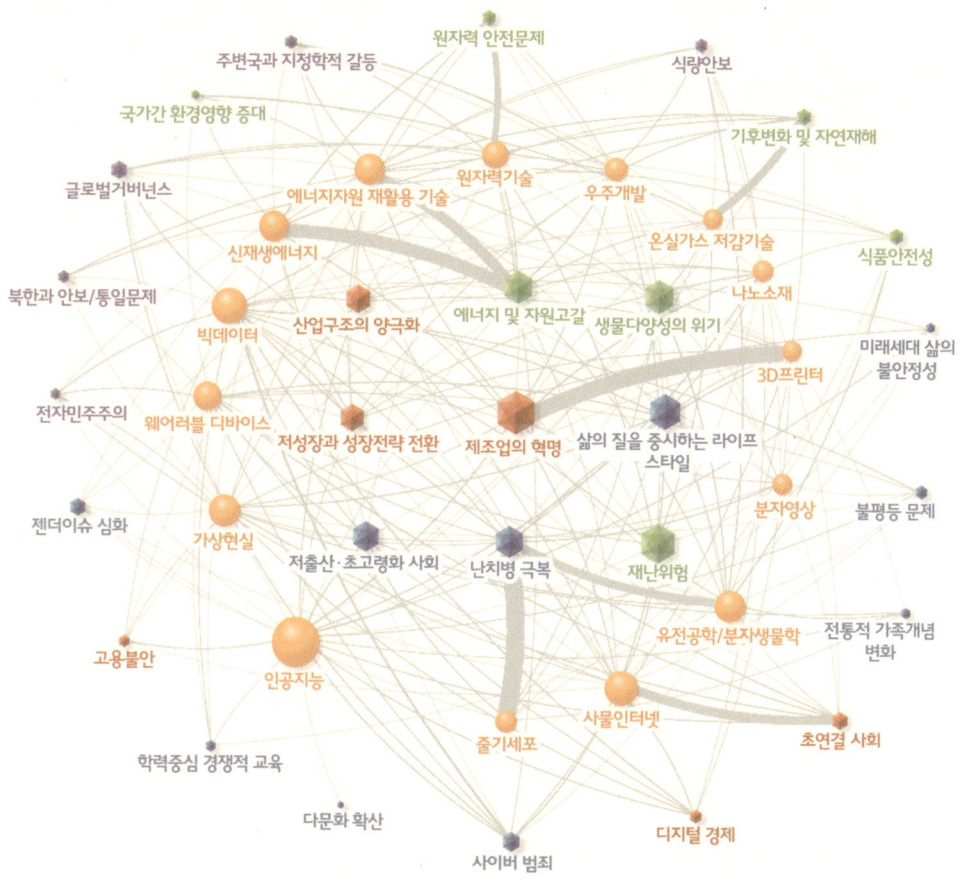

10년 후

미래이슈 보고서

대한민국

요약본-영문판

출처: 《10년 후 대한민국 이제는 삶의 질이다: 미래전략 보고서》

○ Overview

The purpose of this report is to analyze the major issues that our society faces in the present so that we can brace ourselves for the future by understanding the significance and meaning that the issues present and how they would unfold in the future. Unlike past reports that predicted the future in targeted specific years such as 2020 or 2040, this report focuses on dynamic analysis to see how these issues develop over the span of a decade rather than providing concrete solutions. Each issue is analyzed from a dynamic point of view to discover the interconnection between issues and relationship between these issues and key technologies through network analysis[2] of a perception survey used in Global Risks (WEF).

○ Process

The Future Preparatory Committee, formed by the Ministry of Science, ICT and Future Planning in December 2014, began the analysis on future issues. The Committee selected 28 issues to analyze in the fields of economy, society, environment, and politics based on various data such as documents from home and abroad (e.g. Future Global Shocks, OECD 2011), and the database for national

---

2 Network analysis: An analysis method to figure out people or matters that play an important role in a network by analyzing the correlation that connects multiple individuals, matters, or organizations.

policy research. Furthermore, 15 future promising technologies (key technologies) that might have a widespread impact on the future society were chosen for analysis as well. Perception surveys were conducted in April 2015 on the significance of the issues, correlation between issues, and relationship between the issues and key technologies. The survey results were analyzed through Network Analysis. A total of 1,477 respondents, including experts from academia and research groups and college students who are the future generation participated in the survey.

Table 1: 28 Issues for Analysis and 15 Key Technologies

Field	Issues
Economy (6)	Hyper-connected Society, Low Growth & Shift in Growth Strategies, Digital Economy, Job Insecurity, Manufacturing Revolution, Bipolarized Industrial Structure
Society (10)	Low Fertility & Super-aging Society, Social Inequality, Unstable Life of Future Generations, Emphasis on Quality of Life, Multiculturalism, Change in Traditional Family System, Credentialism & Excessive Competition in Education, Aggravating Gender Inequality, Fight against Incurable Diseases(Homo Hundred Era), Cybercrime
Politics (5)	Food Security, Geopolitical Conflicts with Neighboring Countries, National Security/Unification, e-Democracy, Global Governance
Environment (7)	Disaster Risk, Energy Shortage & Resource Depletion, Climate Change & Natural Disasters, Growing Cross-Border Environmental Impact, Nuclear Safety, Biodiversity Crisis, Food Safety
Key Technologies (15)	Internet of Things (IoT), Big Data, Artificial Intelligence, Virtual Reality, Wearable Device, Stem Cell, Genetic Engineering & Molecular Biology (Synthetic Biology), Molecular Imaging, Nano Material, 3D Printer, New Renewable Energy, GHG Reduction Technology, Energy/Resource Recycling Technology, Space Exploration, Nuclear Energy Technology

○ Major Contents

In the first part of the report, the respondents chose the top 10 issues out of 28 issues that were analyzed based on their opinion on whether the issues will bear great significance after a decade. In this chapter, the difference in perception between generations and genders toward the 28 issues is also discussed. Furthermore, it analyzes the likelihood of these issues of becoming a reality in the future, the impact it will have on society, the interconnection between issues, and how the issues are associated with key technologies. In addition, this part looked into how policies in the past were used to respond to the major issues by analyzing the policy research agenda and the general public's specific interest in the issues by analyzing the keywords that appeared in the media. The second part of this report describes in detail several issues that might be significantly serious in the future and thus begin to prepare for them. The described issues were selected by the Future Preparatory Committee.

○ Top 10 Issues

Among the issues that are considered to be the most important issues after a decade, Low Fertility & Super-aging Society, Social Inequality, Unstable Life of Future Generations ranked first, second, and third respectively. Other than the three issues, there are economic issues such as Job Insecurity and Low Growth & Shift in Growth Strategies, environmental issues such as Growing Cross-Border Environmental Impact and Climate Change, and political issues including the North and South Korean Problems. (see Figure 1)

○ Perception Gap on the Issues

There was no significant perception gap between generations on the importance of the 28 issues. However, a gender gap was recognizable. Women tended to believe that some issues like Multiculturalism and Change in Traditional Family System were more important than others while men did not.

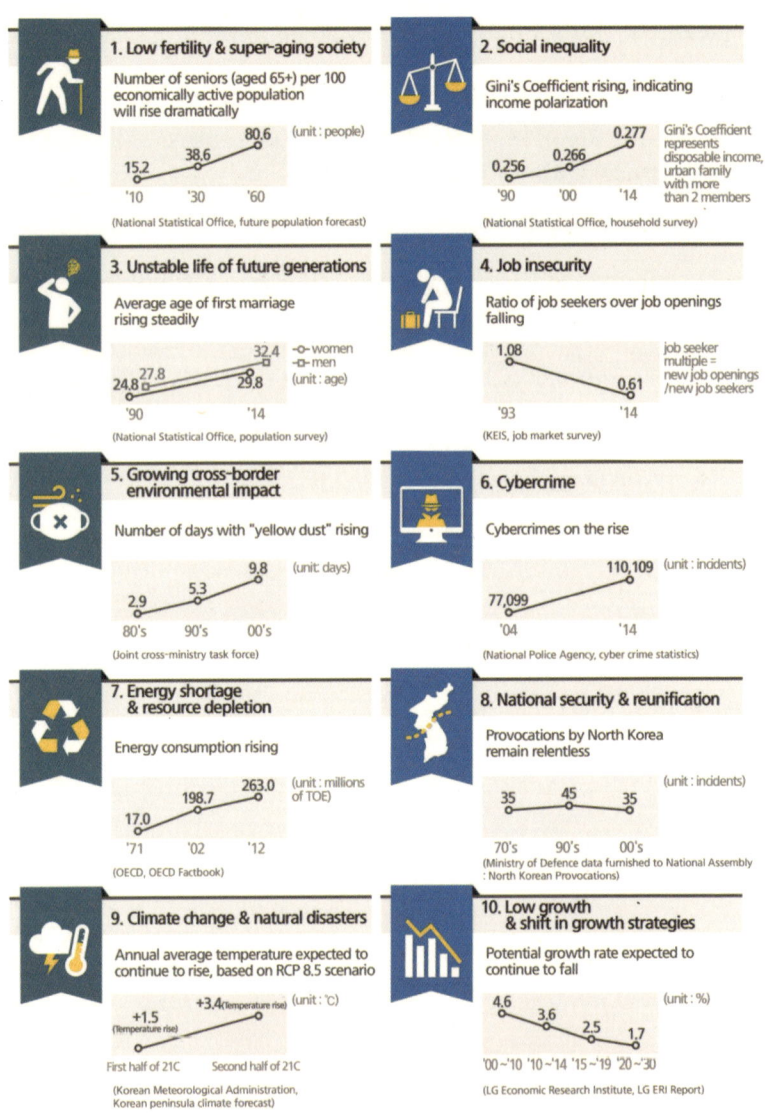

Figure 1: Top 10 Issues

○ Likelihood and Future Impact of the Issues

The analysis of the experts on the likelihood of the 28 issues occurring and their expected impact on our society showed that nine out of 10 issues, save for National Security & Unification, were estimated highly likely to occur and their impacts also were expected to be huge. (see Figure 2) The likelihood of occurrence of National Security & Unification was estimated to be low, but its expected impact was great. Digital Economy and Hyper-connected Society were not included in the 10 most important issues, but these issues were considered highly likely to occur and to have great social impact.

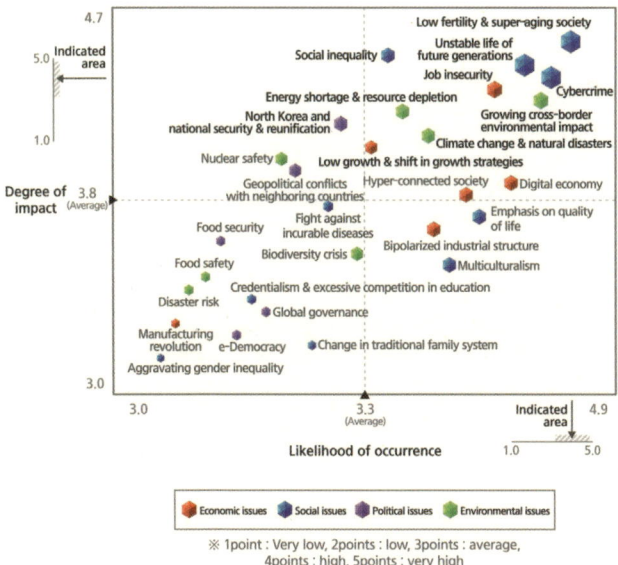

Figure 2: Likelihood of Occurrence and Degree of
Impact of Future Issues

○ Interconnection among the Issues

Network analysis was used as a means to study the correlation among the 28 issues and Figure 3 was developed as a result. The figure shows that those placed at the center have more connection with other issues and the thickness of the lines shows how closely related those issues are to each other. The thicker the lines,the more related those issues are.

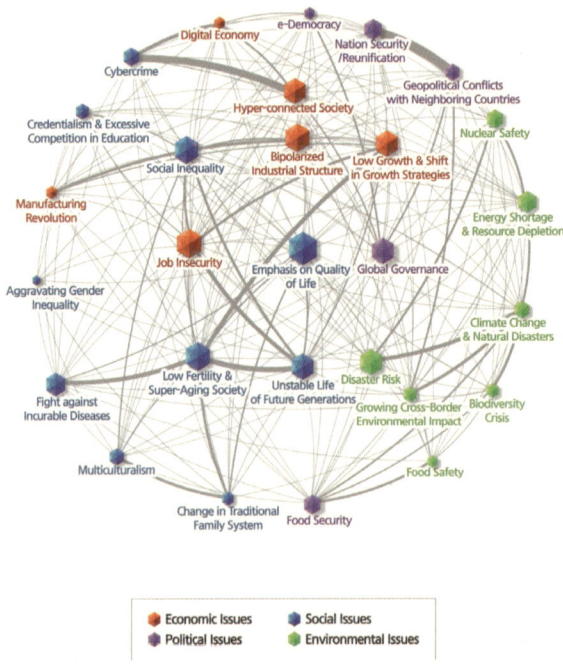

Figure 3: Interconnection Map of 28 Future Issues

The most connected issues are ①Emphasis on Quality of Life ②Job Insecurity ③Social Inequality ④Bipolarized Industrial Structure ⑤Low Fertility & Super-aging Society ⑥Hyper-connected Society ⑦Low Growth & Shift in Growth Strategies ⑧Disaster Risk and ⑨Global Governance in the order named. Distinctively, Emphasis on Quality of Life is low in importance and with less social impacts but it is the most connected issue. As issues with greater connection tend to have more and wider social impacts, a more comprehensive approach is required with due consideration of other related issues.

The following diagram shows how closely related some of the most connected issues such as Job Insecurity, Low Fertility & Super-aging Society, Social Inequality and some of the environmental issues out of the 10 most important issues including Climate Change & Natural Disasters, Energy Shortage & Resource Depletion are with other issues.

○ Interconnection between Issues and Key Technologies

Figure 4 was developed, based on network analysis, in order to visually display links between key technologies and issues. The issues placed at the center have a greater number of related key technologies than other issues. The more related the issues and key technologies are, the thicker the lines become. In addition, the key technologies connected with a higher number of issues tend to have larger nodes.

Issues closely related to science and technology were ① Manufacturing Revolution ②Disaster Risk ③Emphasis on Quality of Life ④Biodiversity Crisis ⑤Energy Shortage & Resource Depletion ⑥Fight against Incurable Diseases ⑦Low Fertility & Super-aging Society ⑧Bipolarized Industrial Structure and ⑨Low Growth & Shift in Growth Strategies in the order named. Moreover, the key technologies with a greater number of related issues were Artificial Intelligence, Big Data, and IoT. Artificial Intelligence, IoT, Genetic Engineering, GHG Reduction Technology, and Nuclear Energy Technology were taken as examples to explain how such key technologies are related to our future social issues.

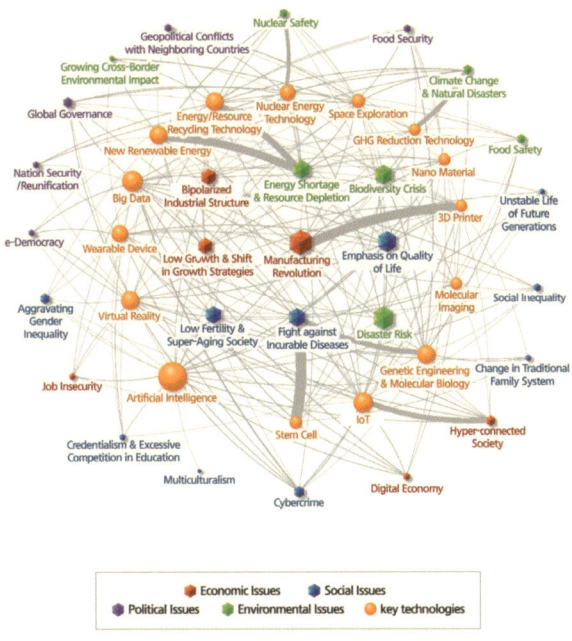

Figure 4: Interconnection Map of 28 Future Issues and
Key Technologies

○ Policy Agenda Trends

This section looks into the government's policy agendas and responses to a set of major issues over the past 15 years to offer guidance for future policy formulation. Applying a big data analytics approach, policy agenda trends were analyzed using the National Knowledge Information System (NKIS) database of policy papers published over the past 15 years.

○ **Energy Policy Agenda**

Figure 5 shows the changes in the energy policy agenda from 2000 to 2014. In 2002, Korea could focus on "inter-Korean energy cooperation" rather than the supply itself thanks to the relatively stable supply of oil in the early 2000s. Over time, however, with rising oil prices and the introduction of the Kyoto Protocol, such topics as the "oil price shock (2004)", global response to climate change including "Intergovernmental Panel on Climate Change (2005)", environmentally-friendly "energy mix (2006)" for efficient energy supply, "smart grid and electric vehicles (2009)" and "new and renewable energy (2010)" gained more significance. After experiencing the rolling power outage in 2011, "energy efficiency (2011)" emerged as an important topic. Finally, with declining drilling prices driven by technological development, "shale gas (2013)" became one of the key policy agendas.

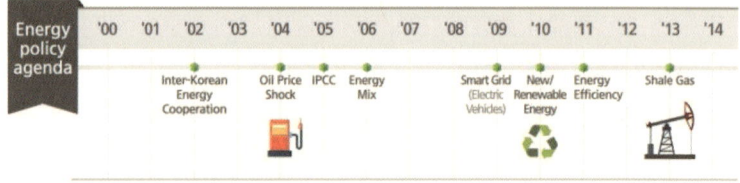

Figure 5: Changes in the Energy Policy Agenda

○ New Growth Strategy Agenda

Figure 6 shows the changes in the new growth strategy agenda from 2000 to 2014. As the limitations of a catch-up economic strategy became apparent in the 2000s, efforts began to transition the "Korean development model (2003)" into leadership economic growth by reinforcing internal capacities through the "Knowledge-based economy (2000)" or "Science and technology (2005)". These internal efforts were accompanies by attempts to externally extend Korea's economy via the "Korea-U.S. FTA (2007)" and the hosting of the "G20 Summit (2010)". Sustainability of economic development began to receive attention around 2010, fostering active policy research for "Green growth (2009)" that sought to use the reduction of greenhouse gases and related environmental regulations aligned with the Kyoto Protocols as new growth drivers. Sustainable development was expanded to include not only eco-friendly concepts but also the wider sustainability of an entire economic system. Agendas for shared growth such as "Ecosystemic development (2012)" have expanded and developed into a new model for economic growth that aims to achieve a sustainable economic ecosystem through the convergence of ICT and science and technology, culminating in the promulgation of the "Creative economy (2013)".

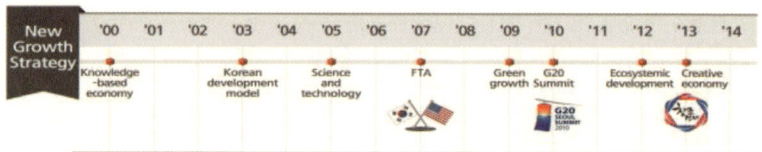

Figure 6: Changes in the New Growth Strategy Agenda

○ North-South Relations Agenda

Figure 7 shows the changes in the North-South relations agenda from 2000 to 2014. The overarching principle of "peace and trust" has defined both the Korean people's interest in the North-South relations issue as well as the evolution of Korea's policy agenda. The predominant policy agendas of the early 2000s were the "Engagement policy (2000)", "Northeast Asian cultural community (2004)", "North-South economic cooperation (2006)" and "Humanitarian aid (2009)". A string of provocations by North Korea, however,including the sinking of the Cheonan and the bombardment of Yeonpyeong Island shifted the policy from unilateral aid to a principled approach. As a part of this shift,"State normalization (2010)" was discussed as a policy agenda. Recently, ideas of a "Peaceful reunification (2011)" have developed into more specific discussion of "Reunification costs (2012)" and the "Reunification dividend (2013)", transitioning into the "Korean Peninsula Trust Process (2013)" that represent more realist policy agendas.

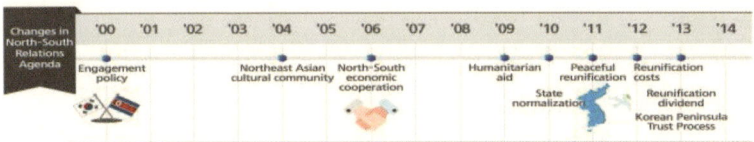

Figure 7: Changes in the North—South Relations Agenda

○ Media Keyword Analysis

The section also offers an insight into the general public's opinions and views on recent issues by analyzing the most frequently used words or phrases in social media and other materials[3].

—Emphasis on Quality of Life

The analysis revealed such keywords as wellbeing and leisure to be central when it comes to the issue of Emphasis on Quality of Life. This suggests a growing importance of effective policy response related to wellbeing and leisure in improving the quality of life.

—Low Fertility & Super aging Society

Korea's aged population reached 7% in 2000, and is expected to

---

3 Media Keyword Analysis was performed using the media data and analytic tool from the ICT Future Strategy Center of NIA (National Information Society Agency) in Korea.

rise to over 20% by 2026. A strong interest in keywords related to jobs has been identified in today's society marked by low fertility and super-aging population trends. These keywords include issues faced by the younger generation including "youth unemployment" and "temporary employment" as well as issues faced by the older generation such as "re-employment" and "employment extension". These keywords reflect the impact of jobs on the marriage and childbirth of younger Koreans and economic stability following retirement for older Koreans.

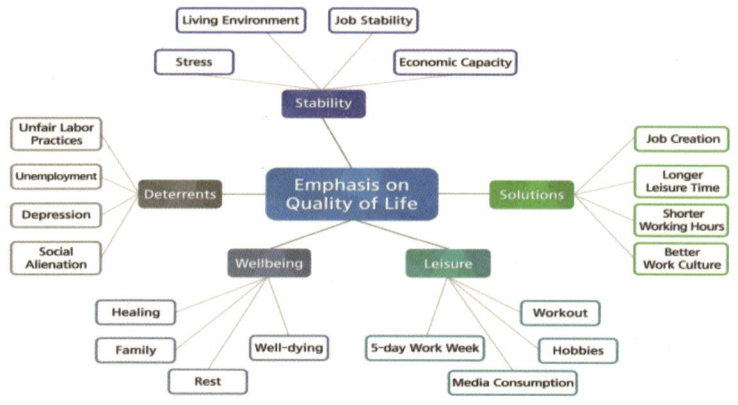

Figure 8: Media Keyword Analysis on the Issue of
Emphasis on Quality of Life

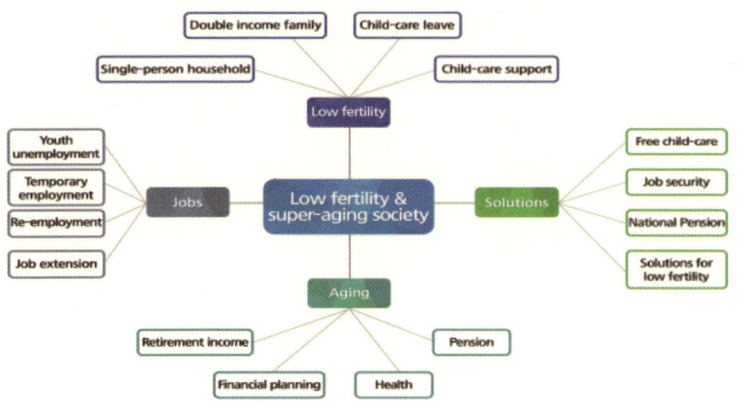

Figure 9: Media Keyword Analysis on the Issue of
Low Fertility & Super aging Society

○ Comparison with Global Issues

This section compared the future issues of global concern selected by the World Economic Forum (WEF), Organization for Economic Cooperation and Development (OECD), National Intelligence Council (USA) with those selected by the Future Preparatory Committee. (see Figure 11)

194

─Issues of Global Concern

Social Inequality, Job Insecurity, Cybercrime, Energy Shortage &
Resource Depletion, Climate Change & Natural Disasters, Nuclear
Safety, Geopolitical Conflicts with Neighboring Countries, Food
Security, Disaster Risk, Biodiversity Crisis, Global Governance.

The common global issues include economic and social issues
such as Social Inequality, and Job Insecurity; and environmental
and energy issues such as Energy Shortage & Resource Depletion,
Climate Change, and Biodiversity Crisis. As the global economic
instability continues, countries around the world see Social
Inequality and Job Insecurity to be more important in the future.
Energy Shortage & Resource Depletion, Climate Change &
Natural Disasters, and Biodiversity Crisis are commonly selected
as important environmental and energy issues as they require a
globally coordinated response and influence every single country.
Cybercrime and Nuclear Safety have also attracted global attention,
as their impacts tend to easily spread across borders to neighboring
countries.

一Issues of Great Concern in Korea

> Low Fertility & Super-aging Population, Growing Cross-border
> Environmental Impact, National Security and Unification Issues,
> Multiculturalism etc.

Issues of great concern in Korea include Low Fertility & Super-aging Population, Growing Cross-border Environmental Impacts, National Security & Unification Issues, and Multiculturalism. Low Fertility & Super-aging Population has emerged as one of the most urgent issues as Korea has one of the lowest birth rates globally and is experiencing a rapidly aging population. In addition, special circumstances on the Korean peninsula such as the inflow of yellow dust and fine dust, public anxiety over being exposed to radioactivity substances after the Fukushima accident and separation of the two Koreas have increased public concerns over the Growing Cross-border Environmental Impacts and National Security & Unification Issues. The inflow of foreign workers and increase in international marriage has promoted the Korean people's awareness on multicultural families and Multiculturalism itself though the trend emerged a little late in Korea than in western countries.

─ Issues of Global Concern, but not of as Much Concern in Korea

Fiscal Crisis, Liquidity Crisis, Large-scale Terrorist Attack, WMD (Weapons of Mass Destruction)

Issues that gained global concern, but that are not of as much concern in Korea were fiscal crisis, liquidity crisis, large-scale terrorist attacks, and weapons of mass destruction (WMD). Issues of large-scale terrorist attacks and WMD are related to global security; however, it did not gain much attention from Korean citizens since they do not have a direct impact on Korea. Furthermore, it also shows the low possibility of global financial issues such as the fiscal crisis and liquidity crisis erupting in Korea.

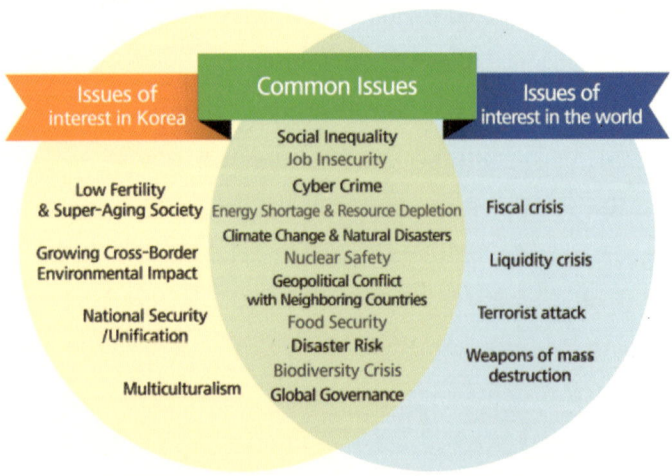

Figure 10: Comparison with Global Issues

—Global Comparison in terms of Likelihood and Impact

Furthermore, the difference in people's perception toward the likelihood and impact of the issues that are present both in the Global Risks report and this report was also compared by using the results of the perception survey in the Global Risk report in Figure 11. A total of eight issues were subject to comparison, for example, Social Inequality of this report was compared to Income Disparity of Global Risks and Climate Change & Natural Disasters to Failure of Climate Change Adaptation.

Of the eight, the perception gap between Korean and global respondents on the impact and likelihood of such issues as Climate Change and Natural Disasters, Food Security, and Biodiversity Crisis was narrow. On the other hand, the perceived impact of such issues as Social Inequality, Job Insecurity, and Cybercrime was significantly higher among Korean respondents.

The fact that the risk of Social Inequality was perceived to be of greater impact than others shows that Korean respondents are relatively more sensitive to inequality issues such as the widening wage gap. The wide perception gap on Job Insecurity shows that the members of Korean society are more sensitive to this issue.

The greater perceived impact and likelihood of the Cybercrime issue among Korean respondents can be partially attributed to the highly developed ICT infrastructure of the country. Many ICT-related industries are benefiting from such good infrastructure, but at the same time, reports of adverse effects are increasing as well. The lack of natural resources can be cited as the reason behind the concern over the Energy Shortage and Resource Depletion issue. The likelihood of Geopolitical Conflicts with Neighboring Countries was perceived to be lower among Koreans despite the ongoing confrontation with North Korea and the possibility of conflicts occurring among some northeastern Asian countries. It appears that Koreans perceive the likelihood of geopolitical conflicts occurring in its region to be lower since many have never felt the direct impact of such potential conflicts when compared to other frequently occurring regional disputes and conflicts.

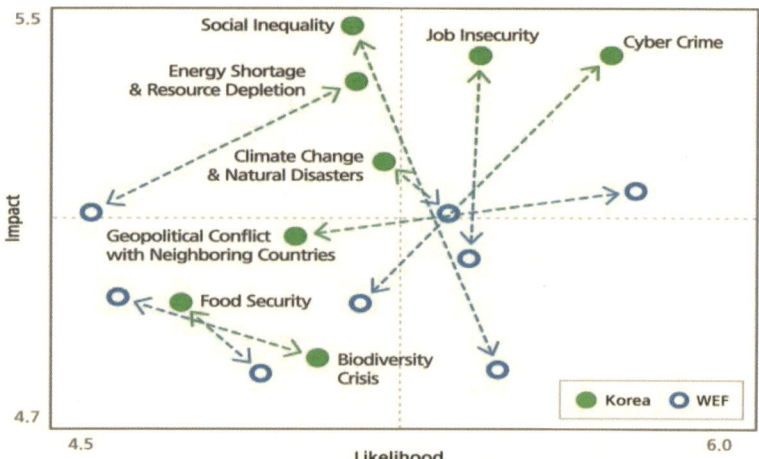

Figure 11: Perception Difference between Korean and
Global Respondents

○ Issues Suggested by the Future Preparatory Committee

This chapter introduces additional future issues identified and selected by the Future Preparatory Committee. The Committee categorizes the issues into three areas (social and cultural changes, industrial and economic changes, and changes in life and environment) and offers its views and suggestions on each issue.

○ Future Plans

Based on this report, the Committee will select the two most interconnected issues and draw up a future strategy for addressing such issues. The strategy will explore comprehensive measures, using science, technology, and ICT.